気仙大工が教える木を楽しむ家づくり

横須賀和江

築地書館

目次

3 棟梁の技を生かす建築士

4 森の木が家になるまでの長い旅

はじめに

唐桑御殿《からくわ》

「新しく園舎を建てる話はしたよね。建築士も決まったんだけど、彼はその設計図で、気仙大工の棟《とう》梁《りょう》に建ててもらいたいらしいのね」

「えっ、気仙大工って、あの気仙大工？」

自分のひと言が母親の遠い記憶を呼び覚ましてくれたことを知らない、幼保連携認定こども園の園長を務める長女には母親のとんちんかんな受け応えが理解できなかったに違いない。

思えば、五〇年近くも昔のことになる。かねてより東北での仕事を希望していた夫の思いに、東京での仕事と子育て、通勤時間の長さに限界を感じていた私の思いが重なって、私たち夫婦が二歳になったばかりの長女を伴って仙台市（宮城県）にやってきたのは一九六八（昭和四三）年早春のことだった。

職住接近の環境だったので、職場の同僚とはすぐに家族ぐるみの付き合いが始まった。こちらで生まれた次女が二歳になっていた頃、三家族で語らって唐桑半島（当時は唐桑町、現・気仙沼市）に海水浴に出かけたことがあった。マイカーなどまだ持てなかった時代だからゴトゴト汽車の旅だ。唐桑半島までの汽車（電車ではない）の旅の何と長かったことか！　唐桑半島に近づくにつれ車窓の風景は一変し、寺か神社のような反り返った屋根を持つ入母屋づくりの豪壮な邸宅がそこここに次々に立ち現れてきた。目を丸くしていると、地元出身の夫の同僚が

「唐桑御殿と呼ばれているんだけど、マグロ船に乗って遠洋航海に出かけている漁師さんの家なんだよ。マグロを追って遠くの海に出かけると漁師さんは半年から一年は帰って来られないでしょう、だから、故郷の港に近づいたときに一刻も早く我が家が目に入るようにと願って、競って建てているんだ、ともいわれているけど、気仙漁師の心意気を象徴する建物なんじゃないかな。気仙大工ってまだ聞いたことないと思うけど、昔からこのあたりでは有名な大工集団でね、唐桑御殿は彼らの腕の見せ所でもあったんだよ」。

波が荒い上に、いきなり深いところに入ってしまう唐桑の浜を前にして、岡山県出身の私は、そうか、この海は私の知っている遠浅の穏やかな瀬戸内海ではなく太平洋なのだ！　とわけもなく感動し、唐桑御殿のある風景がそれに重なって、おおげさにいえば、初めて異文化の世界に飛び込んだ思いがあったのだ。

こども園の園舎

ここで、冒頭に出てきた長女の発言について少し詳しい説明をさせていただく。

長女は仙台市内で二〇〇〇年からみどりの森幼稚園の経営に携わってきたが、時代の流れを受け止めて、今までの「みどりの森」幼稚園に加えて、「やかまし村」こども園を立ち上げ、幼保連携認定こども園に移行することになり、新しい園舎を建てようとしていた。設計を担当する建築士は震災前から決定していたのに、幼稚園の場所が市中心部にあったので、園舎の近くでの用地取得は困難をきわめていた。その途上に東日本大震災に出合ったことになる。

園舎の用地取得はひとまず棚上げにして、長女は震災で破天荒な被害にあった県内の幼稚園・こども園の支援が喫緊の課題になり「みやぎ・わらすっこプロジェクト」を市内の大学で幼児教育を教える先生方とともに立ち上げ、東奔西走することになった。

園舎もろとも流された園がいくつもあり、園舎の建設にも協力する機会が増え、いろんなタイプの建築士を知ることになった。それは「やかまし村」の設計をお願いしていた建築士と比較する絶好の機会にもなったようで、自分の園の設計をした建築士に対する信頼感が一層深まっていったという。現場で仕事をする人々を仲間としてみようとしない建築士がいかに多いか、実感したようだった。下請け、という言葉を疑いもなく使う建築士もいた、と聞いて私も唖然とする他なかった。

震災支援と園舎の用地取得が同時進行で続けられていたが、(現在の園舎は仙台市青葉区柏木) 泉区に九〇〇坪ほどの土地を貸してもいいという地主さんが現れた、というところまでこぎ着けていた。決まっているのは設計図と「やかまし村」という新しい園の名前だけなので、施工業者を決める入札を待って工事に取りかかることになる。次の年の四月に開園したいところだが、入札は八月。見通しがないままに入札を待つことになった。

「やかまし村」は、リンドグレーンの名作『やかまし村のこどもたち』から園長がつけた名前だが、建築士が描いた園舎の最初のスケッチはまさに小さな村のような平家の建物群だったのだ。

棟梁に家を建ててもらった園長

話変わって、待っている間にもう一つ別の物語が進行することになったので記したい。十数年前になる。我が家の隣にあるプレハブ中古住宅が安く売りに出されているのを知り、長女はすぐさま買い求めて引っ越してきた。幼い息子を保育所に預けて仕事をしていると、何かにつけて親のそばはありがたい。その息子も今は高校生になっているのだが、中古住宅の方も古びて繰り返し雨漏りに悩まされるようになっていた。雨漏りとのいたちごっこは限界ではないか、と思うようになり、建て替えを考え始めていた矢先、その気持ちを一気に後押ししてくれたのが、園舎の建築士・由利収《ゆりおさむ》さんだった。長女の希望に沿って、園舎と同じ気仙大工棟梁の会社〈興建ハウジング〉に建ててもらうつもりで設計図を書いてくれた。ここで、冒頭の長女の言葉につながる。

半世紀近くのときを経て、思いがけなく本物の気仙大工に会えるのだ、と思うと、期待に胸がふくらんだ。どんな家を建ててくれるんだろう。

思えば、一九八〇年に我が家を建てたとき、建築士のSさんに

「国産材で建てることはできないんですか？」

と聞いてみたことがあった。当時そんなことを聞く施主はいなかったのかもしれない。

「高くなってもいいんならできるでしょうね」

と、あきれた面持ちであっさり否定された。

当時、新聞などでは熱帯雨林から木材を買い漁る日本などという報道がしきりになされていた。それらの記事には必ず現地の労働者が搾取され、健康被害も出ている、とつけ加えられていた。森林面積が国土面積の六七%を占めるという日本で、なぜ、輸入木材を使わないと家が建てられないのか、疑問を解決する糸口にもたどり着けないままに家を建てることになった。幸い大工のOさんが腕と人柄のいい人だったので、不満に思うことはなかったのだが、国産材という一番身近な木材を使って小さいながらも我が家を建てる、というごく当たり前のことがなぜできないのか、という疑問だけはずっと残っていた。

しかし、当時の私が木材についてどれほど知っていたか、と我が身を振り返ってみると、ほとんど無知に等しかったのではなかろうか、と今にして思う。

ミズバショウの自生地と宅地開発

これから書くことは、私ごとになってしまうが、少しおつき合いをお願いしたい。

仙台に来て最初に住んだ青葉山は職住接近で子育てするにはとてもいい環境だったが、子どもの成長とともに手狭になってきた。広い住まいを求めて山を下りたが、職員宿舎には限界を感じるようになり、仙台にずっと住むのなら、いっそ戸建ての家を求めようと思い始め、土地探しを始めた。仙台も近郊の土地はすでに値上がりしていたので、そのもう少し郊外を選ぶことにした。

市内の中心市街地からはバスで三〇分以上かかる住宅団地に移り住もうと決めたのは、周囲を雑木林に囲まれた緑豊かな環境がなによりも魅力的だったからだ。住み始めてほどなく近くにミズバショウの自生地があることを知った。移り住んですぐに我が家を開放して念願の「かたくり文庫」と名付けた家庭文庫を開いていたので、文庫の子どもたちと一緒にミズバショウを見に毎年通うことになった。何回通っただろうか、ミズバショウの場所がすでに大手の開発業者に買収され住宅団地に生まれ変わる予定であることを知った。文庫のある我が家からミズバショウのある雑木林までの道のりを子どもたちと一緒に、ときには植物の専門家をお招きして、木々や草花を発見しながら歩くのは今まで経験したことのない心躍る楽しいことだった。

ミズバショウのある湿地に近づいて数えてみると、ゆうに一〇〇〇株を超えることが分かった。この周辺だけでも開発を止めてもらえないだろうか、と近所に住む人たちとあちこちに働きかけてみることにした。マスコミがすぐに取りあげてくれたので、いろんな人が情報を寄せてくれることになった。市役所の職員の中でも協力してくれる人が現れた。環境アセスメントをしていないということで、開発にストップがかけられそうになった。

結果として、私たちは地域にしこりを残すよりは移植ということに妥協点を求めることにしたのだが、声をあげたことで私が学んだことは大きかった。市役所には水辺研究会という縦割りの組織を横につないだ市職員有志の会があることを知ってずいぶん励まされたが、その人たちからのアドバイスは大きかった。

私が住むことになった団地もかつては雑木林の一角だったこと、市内を流れる小河川・梅田川の水源が私たちの住宅地として開発されたここ吉成山であること、その梅田川は晴天が続くと水が枯れ、ちょっと大雨が降ると、滝のような流れになること、その原因は上流の水源が開発され、保水力がなくなったことにあること…等など。

なんということだろうか、私たちが住まいを得たことで、小さな川が息も絶え絶えの状態になっているということなのだった。仙台の中心市街地を流れる自然河川として名高い広瀬川ほどには知られていない小さな川ではあっても、昔から沿岸に住む住民には、暮らしと結びついたかけがえのない川だったと聞く梅田川と私たち上流に住む人間の暮らしが思いがけない形でつながっていたのだ。それまで宅地開発業者の仕事を他人事として批判的に眺めていた我が身を振り返る。加害責任という言葉が浮かんできた。小さな川のこれからに無関係であってはいけない気がする、何かできることはないだろうか。当事者意識が芽生えたということになるかもしれない。貴重な情報をもたらしてくれた人たちに問いかけて学ぶことから始めることにした。

ところで、木漏れ日の中で白い清楚な花を咲かせるミズバショウに始まって、雑木林の木々や林床に花開く草花が暮らしの中に入ってくるようになったことで私の関心が思いがけないほどに広がっていった。それまでの私は人と人との関係性を通してのみ社会を見ようとしていたが、そこに自然という今まで意識の外にあった世界が身近な存在として入り込んできたのだ。人と人との関係性にのみこだわっていた頃は縮こまりがちだった思考が人と自然の関係を視野に入れるようになると、心は伸びやかに、思考はどんどん広がっていき、心も身体も軽くなっていった気がしてきた。梅田川に始まって水でつながる人々とのネットワークは里山やブナの森へとおのずからつながっていった。文庫の本棚はもちろん私自身の本棚にも自然を学ぶための本が増えていった。

ブナの森と針葉樹の人工林

今回、降って湧いたように、長女が気仙大工の棟梁に家を建ててもらうことになって、施主の関係者として出会う機会に恵まれた。その経過は冒頭に記した通りだが、四〇年近く前ではなく今、棟梁に出会えてよかった！　という思いがしきりに募ってくる。その頃のように森林のことも木のことにも全く無知無関心な私だったら、棟梁に真正面から向かい合って話をするなんてできなかったのではないか、と思うからである。

ブナの森を守る活動に参加している頃から広葉樹の方が針葉樹に比べ水源涵養《かんよう》効果が大きいと思い込んでいたが、そうではないらしいことを多摩川の源流ポイントの水源見たさに無謀にも登った山梨県塩《えん》山《ざん》の笠取山の東京都水源林で教えられた。

森林の水源涵養能力について生半可にわかったつもりになっていたのではないか、と思い、学び直しを試み始めた。

里山という言葉をつくり、森林の基礎学として森林生態学を始めた四手井綱英の著作にその答えがありそうに思えた。四手井は森林生態学という新しい学問を生み出すための基礎調査を、研究室を飛び出して森林を舞台にして始めた。「環太平洋の生産力調査」と名付けられた壮大なネーミングの調査だった。大勢の研究者の卵たちに長期間協力してもらって実施。その結果判明したのは、気候的には著しく違う地域なのに、常緑針葉樹林、落葉広葉樹林、落葉針葉樹林、常緑広葉樹林の生産力のデータは世界中で共通していたという。調査を試みたご本人も驚く事実だった。

生産力調査と聞いてもピンとこないが、森の木の太さや高さを測るのに始まって、降ってきた雨が葉でどのくらい遮断されるかとか、葉を伝わって落ちるか、その雨がどのくらい幹を伝うか（樹幹流）、幹を伝った雨をトイに集めて計る、光合成の速度や呼吸の速度も測る、そんな根気のいる調査を次々に試みている。森林の涵養能力は樹種によって違いが生まれるのではないという結論はこれほどの調査の末に引き出されたものなのか、と、感銘を受けた。説得力があった。

アブに刺されながら汗水たらしたあの調査は楽しかった、と回想する四手井綱英が最後にポロッと、一番難しかったのは土の中ですね、ともらしている。水源涵養能力の決め手はやはり土。降った雨が地上に落ちてきたところが、どのような状態であれば、水を受け止めて溜め込み、少しずつ川に流してくれるのか、実地で突き止めようとしたのだった。

四手井は、樹が伐られ山が荒れると川の水がなくなる、と広く信じられている水源涵養能力についての考え方にも誤解が多分に含まれている、と苦言を呈している。現実の自然は公式通りに割り切ることができない複雑さを持っていることを知りながら、自然とつきあってほしい、ということだと思った。

奥山のブナが次々に伐採され、無惨な姿をさらしていることに憤りを抑えきれず山男たちが立ち上がって起こした「船形山のブナを守る会」（船形山は宮城県と山形県の県境にそびえる船形連峰の主峰）はたちまち仙台市民も巻き込んで大きなうねりになっていった。

戦後の高度成長期には毎年、日本全国でブナは四〇万立方メートル伐採された。直径八〇センチの巨木が毎年五万本、三〇年続けて伐られたという。ブナの伐採を止めたい、ブナ林を守りたいという情熱が運動の原動力になっていたために、ブナやコナラの森の素晴らしさが多く語られる中で、光合成によって空気中の二酸化炭素を吸収し酸素を放出する機能も水源涵養能力も針葉樹に比べて優れている、と私などは過剰に反応したのかもしれない。

確かに私たちが身近に目にする針葉樹の人工林は手入れも行き届かず、荒れ果てていたから、ブナの森とそのまま比較するのに無理があった。山男たちがブナを守りたいと立ち上がった初心を超えて都市住民を巻き込んで広がった運動には、実際に山仕事に従事する人々を意識の外に置いた都市住民の意識の限界があったように思う。木を伐ること自体がよくないことのような風潮までが生まれていた。割箸＝もったいない、とするマイハシ運動もその余波で生まれた。

都市住民として参加したブナの森を守る活動の中で山に暮らす人々から学ぶことができなかったが故に森の木々に対する認識が皮相なものになってしまった私自身の弱さにもう一度しっかり向かい合いたいと思った。

その後、ブナはぱたりと伐られなくなった。ブナの森を守る運動などの自然保護運動の高まりがブナの木の伐採をストップさせたのか、と思いきや、そもそも伐る木がなくなったためだという。長い不伐のときを経て、今またブナは太くなりはじめている。同じ愚を繰り返さないでほしいと、鳴子の森に棲む森の博士・清和研二は訴える。（コラム『樹と暮らす――家具と森林生態』参照）

戦後国をあげて針葉樹の人工林を造って、いつの間にか手入れがなされないまま放置されている、それはなぜなのか、どうしてそのようなことになったのか、もっと別の道を選んでいたら、このようなことにならなかったのか、納得できるものが欲しかった。

このもやもやをなんとかしたいと思っていた矢先に、気仙大工の棟梁に出会い、その人柄、生き方、仕事に取り組む姿勢に感銘を受けた。

棟梁や建築士の由利さん、棟梁の右腕、白鳥さんたちから、ものづくりに携わる人々、森のこと、なかでもいままで視野の外にあった林業のこと、林業に携わる人々について学んだことは多く、今まで身近にありながら、見ようとしてこなかった日本の森の四割を占めるという針葉樹の人工林を通して、日本の戦後史を光も影も我が身に取り込んで振り返っているような気がしている。国産材で家を建てるなんて高くてできませんよ、といわれて、それをうのみにしてきた消費者の一人だったが、見えてきたのは安いから外材を使うことになったというのも風説に過ぎないことだった。林業の再生を成り立たせないまでに落ちこんでしまっている山元の立木価格、それにともなって急速に進んでいった地方の過疎化に関心を寄せようとしなかった私たち消費者にも責任の一端がありそうに思える。

そんなことを考えながらどこまで深く掘り下げられるか、不透明な状況のまま書き始めることになった。自分でも納得のいく何かが得られ、読んで下さった方たちを納得させる何かが生まれることを願ってのことだったが、どこまで明らかにできるだろうか。

《コラム》

『樹と暮らす――家具と森林生態』

著者は清和研二・有賀恵一。お二人の出会いが、ハーモニー豊かな共著を誕生させた。

清和は東北大学教授で専門は樹木生理生態学といえばいいのだろうと思うが、そういう学者的な硬い表現には氏の文章は似合わない。氏の文章からは森に暮らすすべての生き物への愛情が匂い立ってくるように感じる。表紙を含めてカットは

『樹と暮らす――家具と森林生態』は、私にとっては実にタイムリーな本だった。針葉樹だけの単純人工林ではなく針葉樹と広葉樹の複層林を求める動きが加速する時代に時宜を得て出版された。

すべて氏によって描かれた。氏の観察眼は描くことでさらに磨かれ、深まったような気がする。

有賀は長野県伊那谷の建具職人の家に生まれ、父の跡を継いで建具職人になった人である。高校時代を山形県の基督教独立学園で過ごしたと書かれているのを見て、貴重な教育の場を与えられた人だと思った。清和の紹介によれば、有賀は（もちろん国内の）一〇〇種以上の広葉樹を利用して家具や建具をつくっている。それも無垢《むく》材として見向きもされない樹種、つる性のもの、役目を終えた果樹や街路樹までも利用している、細い木や曲がった木でさえも何かに変身させてしまうらしい。有賀の魔術師のような手にかかればどんな樹種も家具や建具として再びいのちを蘇らせることになるようなのだった。

多種共存が森の自然の姿だとする清和は、森林の荒廃の真の原因を人工林の管理不足による放置よりもむしろ生態系の単純化によるものと見る。多種類の樹木が共存する森をどうしたら創り出せるだろうか。さまざまな森で棲息する樹木の特徴、生態、美しさを清和が紹介する。それだけ読んでも楽しく森への興味は深まるが、有賀の手で、もう一度木々がいのちを蘇らせていることを知れば、森への興味はさらに増すだろうと思う。

二〇編のコラムがあり、私たちに芽生えた森の樹々への興味をさらに科学の世界へと広げてくれる一方で、取り返しのつかない破壊をもたらしてしまった人間社会に対して森の樹々が発する怒りのこもった声の代弁者にも思える著者のメッセージの数々に触れる。

椎葉クニ子の『おばあさんの植物図鑑』（葦書房）に続いて二冊目の座右の書となりそうである。

序章

気仙大工・棟梁に会う

棟梁より前に建築士の由利収さん、〈㈱興建ハウジング〉で社長の佐藤洋二棟梁の片腕として働く白鳥栄悦さんと会う機会がやってきた。こども園の園長を務めているので不在のことが多い長女から、新築工事が始まれば、隣に住む母親の方の出番が多くなるはずで、気仙大工に並々ならぬ関心を持っているのはむしろ母親なのだから、と長女の家の建築計画についての最初の打ち合わせ場所が我が家の居間になったからだ。

由利さんは飾らない人柄で多くを語らない人だったが、長女は、震災復興を目指す活動によって、建築士が一番えらいと思って、威張っている人が多い中で、由利さんのように、大工や左官など実際に建築現場で働く人々を仲間として大切にする建築士は珍しいということが分かったそうだ。

白鳥さんから頂いた名刺には興建ハウジング・営業部長兼社長補佐とあったが、話しっぷりは名刺から想像する営業マンのイメージを覆すものだった。話がビジネスライクに流れることはなく、木造住宅の素晴らしさと社長である棟梁の人柄、腕前を静かに語るのだった。

牡蠣の養殖と森づくり

気仙沼の畠山重篤さんの次男、耕さんの家を建てたばかりだ、という言葉が白鳥さんの口から出たときの驚き。ここで海・川・山のつながりを提唱し、漁師と森づくりを結びつけた畠山重篤さんの名前がでてくるなんて、予想もしていなかったが、すぐに畠山さんは唐桑町（現・気仙沼市）の漁師だったことを思い出した。考えてみれば、唐桑といえば、唐桑御殿、気仙大工の本場である。気仙大工に普請をお願いするのは至極当たり前のことなのだ、と納得する。岩手県室根村（現・一関市室根町）矢越山での記憶も甦ってきた。

二〇年以上も前、私は当時地元ブロック紙・河北新報のキャンペーンに協力していた関係で、〈森は海の恋人〉植樹祭にかけつけたことがあったのだ。少し遅刻してひこばえの森に着くと、すでに大漁旗がはためき、大勢の人たちで賑わっていた。ひこばえの森は室根村の「ひこばえの森分収林組合」からのネーミングだった。

キャンペーンの一環として開かれた講演会には〈森は海の恋人〉というフレーズを誕生させた（コラム「地元紙のキャンペーンについて」参照）

　　森は海を海は森を恋いながら悠久よりの愛紡ぎゆく

という「牡蠣の森を慕う会」にとって記念碑的な一首を詠んでくれた歌人・熊谷龍子さんも妖精のような佇まいで同行されていたことを思い起こす。

それにしても〈森は海の恋人〉とはなんと訴求力のあるフレーズであることだろうか。昔から海の漁民たちの間では森林が海の生き物たちを養う、ということはよく知られていたらしく、藩政時代から森林は「魚つき林」として藩の手で保護されていたという事実がそれを教える。

畠山さんは牡蠣養殖業者として知られるが、帆立貝の養殖を三陸の海に根付かせた功労者でもあった。そのときは北海道有珠湾の漁師にお世話になっていた。北海道の厚岸湾が上流の山に木を植え続けることで蘇った話、襟裳《えりも》岬では海岸林を育てることで漁場を取り戻した話など、耳にすることが多かったのではないか、と思われる。

漁民の間では山に木を植えるのは珍しいこととは思われていなかったにしても、畠山さんが〈森は海の恋人〉というキャッチフレーズを持って登場したときの都市住民に与えた衝撃力は大きく、森と海のつながりが一枚の絵になって多くの人々の中にしっかり定着したのだと思う。畠山さんの活動は東北にとどまらず全国に広がって、いまや国民運動といってもいいくらいの運動になっている。

白鳥さんの畠山さんの活動への関心の深さも並々ではないことがうかがえ、〈興建ハウジング〉という会社と社長である棟梁への興味が一層深まっていった。

棟梁の会社を訪ねる

ほどなくして宮城県県北の大崎市三本木にある〈興建ハウジング〉で正式の打ち合わせをすることになり、棟梁に初めて会うことができた。思いがけず小柄で、穏やかな話しぶりの人だったが、ここ一番という内容のときはピシッと決まり、確かな仕事人であり、男気に溢れた人であることをうかがわせるのだった。

建築予定の長女の家の打ち合わせをするために訪ねたはずだったのに、私の興味は棟梁その人だったので、打ち合わせはそっちのけで、棟梁のことばかり質問していたようで、のちのち、あのときは、おかしな打ち合わせだったよなあ、と棟梁に言われたものだった。

でも、設計を担当する建築士の由利さんも棟梁からもっともっと学びたいと思っているらしく、どんどん聞き出して下さいよ、とそばで私をけしかけてもいたのだ。

《コラム》

地元紙のキャンペーンについて

仙台市に住むようになってすぐに夫の希望で全国紙だけでなく地元の河北新報も購読することにした。東京では共働きでなんとか暮らしていたのに、三〇代になったばかりの夫の給料だけで暮らすことになったので、二紙の購読料を払うのはとてもきつかったことを覚えている。

当初は読みなれた全国紙を主に読んでいたが、市民運動への参加が増えるにつれ、地元紙を読む割合が増えていった。しかし、一九九一（平成三）年に始まった河北新報の連載企画「考えよう農薬、減らそう農薬」クロストーク以後は地元紙の見方そのものを大きく変えることになった。仙台市郊外で起きた農薬の空中散布による水道水汚染問題に端を発して市民、特に母親たちの農薬に対する危機感が今までになく高まっているのを受けて、新聞社として何ができるか、模索が始まったように受け止めた。

農薬をめぐってその頃は今よりもっと生産者と消費者の意識の食い違いは大きかった。クロストークでは、農協代表、生協運動に加わる主婦、専業農家主婦、大学教師、それに広告ディレクターという肩書で結城登美雄さん、五人が立場の違いを超えて話し合う。ゲストスピーカーにその道の専門家を呼んで、学びつつ討論する。傍聴希望者は申し込めば自由に参加できる。

市民活動だけでは知りえない貴重な意見を聞く機会が与えられた。月に一回のペースで開かれるクロストークに加えて緊急クロストークもあり、視野は海外まで広がっていった。

そして次の年（一九九二年）には、クロストークの提案を受けた形での国際シンポジウム「環境《E》・人間《P》・食糧《F》」の開催となった。このときに、パネリストの端っこに私も加わることになった。当時、ささやかながら水問題に取り組んでいたからだ。このとき畠山さんはパネリストとしてすでに森・川・海のつながりで環境問題を考える立場からの実践報告をされている。アメリカやドイツからのゲストの発言も興味深かった。

国際シンポジウムを受けて、農薬削減をどう実現するか、実践の場として誕生した環境保全米ネットワークの機関誌担当になり、以後、消費者と農家をつなぐ紙面づくりの日々を送ることになった。後にこのネットワークは新聞社から独立し、市民団体として活動することになる。室根山に植樹祭に出かけたのも取材の一部だった。

少し間をおいて、同社では一九九六（平成八）年には記者とカメラマンを世界各地のコメ生産地に派遣。現地のありのままの姿がやがて紙面で見られるようになった。世界のコメをつくる人々のたくましさに共感が多く寄せられた。新聞でここまでのことができるのか、という驚きがあった。この記録は『オリザの環』としてまとめられている。

今、どこの新聞社も悩みは読者の減少である。このような企画はもうできないかもしれない、と思いつつ記した。

クロストークのところで結城登美雄さんのお名前だけを出した。広告ディレクターと書くだけではどうしてここに？　と不思議に思われるかもしれないと思ったためだが、結城さんは今では民俗研究家という肩書で紹介されるようになっている。

世の中の仕組みがタテ型で動いている社会は名刺社会でもあって、肩書が重んじられる。結城さんのようにタテとヨコを縦横に結んで組織の外で考え行動している人は肩書に収まりきらないように思う。

クロストークに始まって、国際シンポジウム、そこで生まれた課題を実際の場で実践するネットワークの立ち上げ、という一連の試みを陰で支えていたのは結城さんではないか、と思ってきた。

当時の記録を読むと、その頃の結城さんは海側に立っての発言が目につく。東北の町や村のほとんどを歩いているように見える結城さんだが、特に沿岸部の漁村を多く歩いて漁民の話に耳を傾けていた時期だったかもしれない。お話をうかがいながら、民俗学者の宮本常一の面影がふと浮かんでくることがしばしばあった。結城さんは宮本の著作に出てくる世間師《しょけんし》のような存在になろうとしていらしたのだろうか。人に役立つことを伝えて歩く人というところで二人は私の中ではぴったり重なって映っていた。

結城さんは座談の名手であり、柔和な表情で楽しそうに語っているうちにいつの間にか話は核心に到着していてまわりをその気にさせている、そんな人だ。結城さんに自分の住んでいるところに目を向けるといろんな宝物を発見できるよ、と背中を押された人たちの中から地元学という言葉が生まれたのかもしれない。地元学を学ぶうちに、社会の見方が変わり、自分に自信が持てるようになった、という人も少なくない。

大震災があってから肩書を超えて動いている若い人を目にする機会が何となく増えているように思うようになった。どこかでつながっているような気がしている。

1

歌舞伎座も建てた気仙大工

気仙大工のはじまり

気仙大工とは岩手県気仙地方を拠点に生まれた優秀な大工集団である。

東北工業大学の高橋恒夫教授がずっと調査・研究を続けてきて『気仙大工——東北の大工集団』という小冊子を編み、大船渡市生まれの平山憲治さんが気仙大工に関する本をたくさん書いている。本の中で平山さんは大工だった父親の跡を継いで大工になり、東京や北海道への出稼ぎを数年間経験していると自己紹介しているが、大工の仕事を通して気仙大工への関心が高まり、気仙大工の歴史や彼らが建てたとされる建物を求めて気仙地方の各地を歩き回った。高橋教授の『気仙大工——東北の大工集団』はとても難物で、何度読み直しても隔靴掻痒《かっかそうよう》という古い言葉ばかりが浮かんできて初心者にはなかなか実像に近づきにくい本だった。数多く出版された平山さんの本の中で唯一手に入った本が『「気仙大工」概説』だったが、広く気仙大工を知らせたいと願う平山さんの気迫が迫ってくる本で、写真も多く載せられ、やっと気仙大工の実像に近づけた思いがしたものだ。別冊『東北学』では気仙大工の藤原出穂棟梁と佐藤洋一棟梁の聞き書きが紹介されていた。以上三冊を手がかりにしてまとめてみよう。

まず平山憲治さんの『「気仙大工」概説』が生まれた経緯について触れたい。

東日本大震災前から気仙地域に入り、気仙大工の研究をしていたNPO「伝統木構造の会」があった。大震災によって壊滅的な被害を受けた岩手県南部の〈気仙〉地域で歴史ある「気仙大工」の伝統が消失の危機に立ったことから、〈気仙〉の伝統を未来につなぎ、次世代を育てるために何かできないかと「気仙応援プロジェクト」（代表・秋山恒夫・NPO伝統木構造の会　理事）を立ち上げた。

大震災前に検討していたのは「気仙職人学校」立ち上げ構想だったが、地元の復興事業が喫緊の課題になったので、まずは教材テキストを、と地元の気仙大工研究の第一人者・平山憲治氏が多数の著作をまとめた入門書として出来上がったものが、この本だった。

大震災によって多くの優れた気仙大工の作品が喪失した。気仙大工の伝統をこのまま消してはならない、何ができるか、何かしたいと希求するたくさんの人の思いが『「気仙大工」概説』には詰まっている。

気仙大工の発祥に最も有力なのは「近江大工」だというのが平山説。一八六六（明治元）年まで使用していた墨差しの型が近江地方で使用されていたものとほぼ同じだということがその証拠だとされる。平山さんはさらに深めて一連の技術を伝播した人々は近江の国に起源を持つとされている木地職人ではないか、と考える。

仙台藩と近江大工のつながりを見ていくと、注目されるのが一六〇七（慶長一二）年落成の国宝・大崎八幡宮だとある。正月飾りを焼き納める「どんと祭」には毎年でかけている近くの神社だったので、思わず目を見張った。桃山様式の華麗な建築という評判は聞き知っていたが、その建設には豊臣家お抱えの下京、紀州、近江の国の工人が招請されて造営したので、仙台藩の大工も多数動員されただろうと平山さんは想像する。彼らは近江大工等から多くを学んだはずだし、近世には気仙大工が修復に参加した記録も残っているという。

気仙地方の地縁血縁で結成された大工集団が出稼ぎに出た。この集団の名称「気仙大工」は出稼ぎ先で生まれた言葉だ。気仙地方とは、岩手県南東部の旧気仙郡を指し、市町村名では沿岸部の大船渡市、陸前高田市、山間部の住田町であり、藩政期は伊達藩に属していた。

北上山系と海に囲まれた集落は農耕地が不足していたので、田畑を耕すだけでは暮らしの糧を得ることができないから、森林の恵みと海の恵みを生かした暮らしが生業になった。漁師・猟師の仕事はもちろんとして、気仙杉の産地でもあったので、大工や木挽《こびき》が多く生まれた。地元だけでは仕事が少ないので、出稼ぎに出かけるようになるのは必然であっただろう。

出稼ぎの発端は鹿の皮揉みにあったという説もある。気仙は鹿や猪が多く、肉は食用にし、皮は衣類や履物などに加工されたが、この加工技術が各地で歓迎された。出稼ぎする皮揉み衆の話を聞いて、大工衆が俺たちの技も、と出かけた、というもの。興味深い話である。

伊達政宗による仙台の城下町建設の時期から用材の調達、それにともなう杣取《そまと》り（製材）と大工の集団的出稼ぎが始まったともいわれる。

その発祥年は明らかではないが、伊達家古文書には元和年間（一六一五〜一二四）、気仙地方から小友村の大工が組を構成して仙台城下に出向き、武家屋敷を普請した記録が残っているという。とすると江戸初期にはすでに出稼ぎの形は始まっていたとの推測も可能で、四〇〇年以上の歴史を持つ出稼ぎ大工となるが、気仙大工という呼称がいつ頃から広まってかは定かではない。

今に残る気仙大工の建物

宮城県人としては栗原市（旧・栗原郡金成町）に現存する有壁本陣（旧・有壁宿本陣）が身近だが、一七四四（延享元）年の改築で気仙大工六〇人が働いたという伝承がある。有壁本陣は一六一九（元和五）年、奥州道中の宿駅として創設されたもの。江戸時代の宿場の本陣の様子を一番よく伝えている例としてしばしば紹介される。

気仙郡は古来黄金を産する地として都人たちの垂涎《すいぜん》の地だったといわれる。気仙郡の二四ヶ村に五〇ヶ寺が存在し、大半が二転三転と移転しているのは金山隆盛の鉱山が開かれたからだという。鉱山が移動した場合はお寺も移動する。お堂も解体して移築した。大工が腕を磨く機会に事欠かなかったうえに、修復して使用する技術が気仙の里には発達した。修復して古い建物に新たな息を吹き込み、再生させる技術は佐藤棟梁の仕事にも生きているような気がする。

高橋恒夫教授は民家の棟札や文書を丹念に調べて江戸時代からの気仙大工の足跡の一端を明らかにされている。一例をあげると、小友村の亀五郎という棟梁は農業も兼ねた大工棟梁で四〇人もの弟子とともに主に宮城県への出稼ぎをいう「南行」（一八五六年）に行った、と亀五郎の建てた家の現在の当主から聞き出している。『気仙大工――東北の大工集団』の発行が一九九二（平成四）年であることから、それより前の聞き書きになるが、かつての意気揚々とした気仙大工の姿が目に浮かぶ。

有壁本陣のことを調べていたら、このあたりには明治以降のことになるが、旧金成小学校校舎（宮城県指定文化財）や金成ハリストス正教会の建物が残されていることが分かった。気仙大工の仕事であることは確かで、その仕事の幅広さと確かさに一層興味が募っていった。

宮城県登米市にある一八八八年完成の「登米高等尋常小学校校舎」は東日本大震災を経た今もなおほとんど狂いのない状態で当時の面影を伝えているということで近年評価がますます高まっている建物だ。設計を担当した建築家山添喜三郎の功績はもちろんだとしても、棟梁と脇棟梁それぞれ二人ともに気仙大工だったことはもっと宣伝してもいいのではないか。監督としての山添の要求は厳しく、瓦屋は四軒家産を傾け、倒産した木材会社もあったという。初めて試みる洋風建築だったから、気仙大工としての誇りをずたずたにされることも多く、並大抵の苦労ではなかったという現場だったが、旺盛な好奇心と進取の気性で難工事を乗り越えたのだ、とある。しかし、工事終了の後、彼らに残されたのは貧しい暮らしだけだった、ともあり、気掛かりの残る結末だった。（コラム「登米小学校を建てた棟梁の遺族の物語」参照）

定義《じょうげ》如来（西方寺）は社寺大工として著名な花輪喜久蔵の設計によるものとして大きく紹介されている。仙台に住んでいると身近なお寺だ。定義山参りという言葉もよく耳にする。私は一回しか訪れたことはなかったが、そのときの印象は線香の煙が立ちのぼってむせ返るような雰囲気だったことと、創建時はさぞや華麗であったろうと思われるほど細かい彫刻がどの建物にもほどこされていたことだった。古寂びた印象から建物は江戸期に出来たものと思い込んでいたが、昭和の初めに再建されたという記載に意外な思いがあった。

二〇一三年、東京に新しい歌舞伎座の建物が出来たが、その二代前の歌舞伎座の建物の建築には大勢の気仙大工が参加して力を発揮した歴史があるということを最後に付け加えておきたい。

《コラム》

各地に根付いた大工集団がいた

気仙大工に家を建ててもらう、という思ってもみなかったことが実現することになってちょっぴり舞い上がっていたのかもしれない。友人たちに会うと、

「気仙大工って知ってる？　長女が家を建ててもらうことになったの」とつい話してしまう私だったが、反応ははかばかしくなかった。今から考えるとまわりの友人たちの方が当たり前で、私の方が変わっているのだということになりそうだ。

やがて日本各地に村名、町名、郡名を冠して大工をまとめて呼称した例はいくつもあること、気仙大工もその一つに数えられることを知った。

私の故郷の近くに塩飽《しあく》大工（香川県塩飽諸島）、邑久《おく》大工（岡山県邑久郡）がいることを高橋恒男教授は紹介している。

塩飽諸島といえば、小学生のときに林間学校で訪れた本島《ほんじま》の思い出が懐かしい。この大工集団はかつて瀬戸内海の海で縦横無尽の活躍をした村上水軍と大いに関わるらしいことを知り、そのロマ

ンに思いを馳せた。

東日本大震災で流されてしまった陸前高田市の八木澤商店、南三陸町の林業家・佐藤久一郎邸も気仙大工・左官の仕事ということだったが、どちらもナマコ壁があしらってあるのを震災前の写真で見て、故郷の倉敷で見慣れていた装飾だったので、懐かしい思いを抱いた。

ナマコ壁は漆喰《しっくい》だけでは雨に弱いので、腰壁を補強するためにつくったもので、黒い部分は平瓦、目地は漆喰で分厚く半円形に盛り上げ覆ったものだという。用と美を兼ね備える、左官の腕の見せ所だったに違いない。

FSC認証を取るなど積極的な経営で知られる森林組合を持つ高知県梼原町のことを知ろうと、司馬遼太郎の『街道をゆく』の「梼原街道」を読んでいると、長州大工に触れられた記述があって、おやっ、ここにも土地の名を冠した大工がいた！と興味深かった。長州藩に属する周防大島の大工は土佐だけに出稼ぎに出かけるとあった。土佐には家大工は多いが、宮大工はいないに等しい状態だったので、神社や寺院を建てるときには周防大島から来てもらっていたらしい。

アンテナを張っていれば、ほかの土地にもその地域独特の名前を冠した大工集団が残っているのを発見できるかもしれないと思うと心楽しくなる。

二〇一八年の西日本豪雨で二メートル以上の浸水した家屋が映し出されたとき、漆喰がはがれて木舞《こまい》だけになった壁が見えて伝統大工の仕事も多く流されたに違いない、と想像することになった。

《コラム》
登米高等尋常小学校を建てた棟梁の遺族の物語

四人の棟梁のその後が気にかかっていたら、一人だけ消息がつかめた。一人の棟梁の娘が作家・

徳永直と結婚していたのである。徳永直といえば、『太陽のない街』が有名だが、若い人は知っているだろうか。この『太陽のない街』のモデルになった場所（東京都文京区氷川下町）に学生セツルメントの一員として学生時代、足繁く通っていたので、私には懐かしい名前だ。

「登米高等尋常小学校校舎」に携わった棟梁二人と脇棟梁二人の名前が挙げられているが、おそらくその一人佐藤朝吉の孫娘が『太陽のない街』で知られる作家・徳永直の妻になっていたらしく、『妻よねむれ』という作品のモデルとして登場している、と知り、作品を探し出して読んだ。作品中、妻トシヲの大工の棟梁だった祖父が「浅吉っあん」（実際は佐藤朝吉）という名前で故人として登場する。彼は「正直浅吉」とも呼ばれていた代々の大工だったが、浅吉が家運を傾けた仕事の一つがT町国民学校だった、と書かれていた。貧困のうちに亡くなった「正直浅吉」の残された家族の暮らしに次々に悲運が襲う。貧しい中でも懸命に生きようとした妻の人生を見つめる作家の目は限りなく温かい。トシヲの辛い人生の中で、徳永との出会いがあったことはなんと幸せなことだったろうか、と思えた。

2

知るひとぞ知る棟梁

津波被害に立ち向かう

佐藤棟梁は深夜、絶えずバウンドを繰り返す走りにくい道をトラックを運転して、陸前高田から三本木（宮城県大崎市）にある本社へと向かっていた。あまりの寒さにガタガタ震えながら運転していたのだ。身体が冷えすぎたのだろう、大谷海岸のあたりだったろうか、尿意が我慢できなく遂に車から降り、道ばたに佇んだ。

ふと見ると、向こうに女の人がギョッとした顔をしてこちらを見ているのに気がついた。幽霊でも見たかのようにおびえた顔をしている。

〈ええっなんだろう、もしや、我が姿を見ておびえている？〉

はっと気づいた。陸前高田で、家ごとすべて流されて着るものもなく震えている級友に出会い、思わず自分の着ている服を脱いで差し出したから、今の自分は白っぽい下着姿なのだ。夜道に白い姿がぼ～っと立っていれば、幽霊だと思うのは当然のことだ。なんということだろう。なんとか無事に本社まで帰りつくことはできたが、後々まで忘れられない記憶になった。

自分の着ている上着をすべて脱いで旧友に渡してしまう、なんと無謀な！　と震災後しばらく過ぎた今聞けば、人は呆れることだろう。確かに後先を顧みない無謀な行為だが、あの当時の状況にあっては、佐藤棟梁が止むにやまれず思わず取ってしまった行動だと分かる気がする。とにかく何かせずにはいられなかったのだ。内陸部に住む人たちは津波で被災した人たちの困窮を目の当たりにして、ある時期までは自分たちの被害は誰も口にしようとしなかったということにも気づいていたからでもある。

二〇一一（平成二三）年三月一一日、午後二時四六分、棟梁は大崎市三本木にある本社にいた。突然まわりが揺れ始めた。何かにつかまっていないではいられないほどの大きな揺れだ。なかなか止まらない。今までに経験したことのない揺れに思えた。ただごとではない揺れ方だ！　震源はどこだろう？

陸前高田の人間だから、すぐに津波のことが気になった。中学一年のときに三陸沿岸部を襲ったチリ地震津波の怖かった思い出がある。それからも小さな津波は何回も三陸を襲った。二〇一〇年二月二八日にも三陸には大津波警報が出ている。三・一一の前々日三月九日にも地震があった。今思い返せば東日本大震災の前触れとも思える地震だ。陸前高田市は震度四。地震が多い三陸では驚くほどの震度ではなく、津波警報は出されたものの目立つほどの津波は来なかった。しかし、今度の地震は規模が違いそうに思えた。すぐに電気が消えて、テレビからの情報は受けられなくなり、情報源は携帯電話だけになってしまった。岩手県南は震度六弱という情報が流れた、そのすぐ後に陸前高田は壊滅的打撃を受けた、とも知らされた。

陸前高田の我が家は高台といってもいいところにあり、今までのチリ地震でも津波に遭わなかったから、今回も大丈夫だろうというのがとっさの判断だった。ところが流れてくる情報は厳しいものばかりで、安閑としていられないことを思い知らされた。

すぐに駆けつけたいと気持ちばかり焦ったが、道路は寸断されていてとても車で行ける状況ではない、ということも知らされた。

三日目になってやっと長男の修也とともに、一関からまわって陸前高田に向かうことができた。棟梁には双子の息子がいるが、二人とも後を継いで大工になり、修也は三本木にある本社で専務（二〇一八年三月より社長）として働いており、次男の純也は陸前高田で〈興建ハウジング〉の仕事を引き受けてくれていた。

陸前高田の町は想像をはるかに超えてすっかり姿を変えていた。目印にするものがすべて消えてしまって、我が家の跡さえ見つからない。写真で見た覚えのある空襲で焼き尽くされた敗戦直後の町のような風景だった。あらゆるものがなぎ倒され、グニャグニャにねじ曲がり、積み重なっていた。港にあったはずの船が山に上がっている。トラックが壊れた建物の上に乗っかっている。あの美しかった町はどこへ消えてしまったのか。

今回の大震災における陸前高田市の犠牲者数は、一七六〇人（行方不明者を含む）。宮城県石巻市に次ぐ多さで、人口二万四二四六人に対して七・二％だ。当時（二〇一一年三月二八日）の報道を見ると、陸前高田市「壊滅」という文字が何回も登場している。

どんなに恐ろしかったろう。どんなに寒かったことだろう。地震当日にそばにいてやれなかったことが何としても悔しかった。家族の無事は確認できたが、親戚が一九人も亡くなり、世話になっていた近所の人もたくさん亡くなっていた。

町の人々のためにできることはなんでもしようと思った。まずはズタズタにされた道の整備だ。餅は餅屋という特技を生かして会社の車でガレキを取り除き、車がスムーズに走れるようにした。避難所で必要とされるものを聞いてまわって、本社に戻りかき集め、大型トラックで運んだ。

棟梁は決して言わないが、借金してまでも買って運び込んだ支援物資の量と種類はただならぬ多さだったと白鳥さんは教えてくれた。

指定避難所には物資が集まっているが、その他にも被災者が身を寄せている多くの避難所には救援物資が届いていないことを知り、そういうところに集中して届けた。週日は三本木で仕事をし、土日は陸前高田に通う日々が続いた。何回陸前高田と三本木を往復しただろう、その間に幽霊事件もあったのだった。

棟梁が震災前に大病を患って治り切らないうちに大震災に遭遇したのだという話はあとから聞いたのだったが、震災後に病いがぶり返して入院・手術ということもあった、と聞いた。

支援する側とされる側という立場の間にはどんなにしても越えられない壁はあり、その壁はそれぞれに違い等し並みではないと思う。震災後日が経つにつれその立ち位置によって分断が深まることも人間社会の常だとも思う。棟梁はやむにやまれぬ気持ちで故郷のために後先も考えずやれる限りのことをやったつもりだったが、受け取る側の気持ちは複雑で、復興住宅の建築を請け負うためにしているのだ、という風に勘ぐるむきもあった。ハウスメーカーからの勧誘合戦がいかに凄まじかったか、ということの裏返しかもしれないとも想像するのだが……。棟梁の気持ちは萎え、再び立ち上がれるまでしばらくのときが必要だった。

震災前、息子たちもそれぞれ後を任せられるようになって少しだけ気持ちに余裕が出てきた。少しずつ仕事を減らして、のんびり釣りを楽しむ時間もつくろうか、と釣り竿などを手に入れていた棟梁だったが、その釣り竿も家とともに流してしまった。大震災の衝撃に比べれば、釣り竿のことはささいなことであったが、釣りを楽しんで、などと考えていたことなど吹き飛んでしまっていた。

宮城県で仕事を続けていても、心はいつも故郷の陸前高田にあり、いつかは帰るところだと思っていた。ところが頼りにしていた多くの先人を一度に亡くしてしまって、いつのまにか、自分が最長老の頼られる立場に立っていたことに気づいた。頼りにする人を亡くしてしまうというのはこういうことなのか、なんという寄る辺なさだろう、愕然《がくぜん》とする思いに捉われてしまうこともあった。

棟梁がそういう思いをふっきることができたのは、〈興建ハウジング〉という自分のつくった会社で働く社員たちの暮らしを守っていく責任が自分にはあるという思いがふつふつと込み上げてきたからだった。

まずは我が家を再建すること、そして陸前高田の復興にすこしでも役立てることをしたい、そのためにも〈興建ハウジング〉の土台をきちんとすること、やることはいくらでもあることに気づいた。そのことを有り難いことだ、と心の底から思えた。

社長としては、社員の暮らしが立つようにするのは大事な使命だと思うが、棟梁をみていると、採算は度外視してもやりたい仕事はすると思っているのではと感じることがある。なかでも今回の

「やかまし村」の園舎づくりのような未来を生きる子どもたちのための仕事には一肌脱ごうとする心意気を持って臨んでいるらしいことが感じられた。

棟梁の修業時代

佐藤棟梁が生まれたのは一九四八（昭和二三）年、すると中学を卒業して社会に出て働き始めたのは一九六三年ということになる。時あたかも日本が高度経済成長への道をまっしぐらに進もうと動き始めていた頃だ。一九六一年、全面的に始まった木材の自由化により、外材の輸入が少しずつ増え始めた時期でもある。

棟梁の生まれた陸前高田市は気仙地方といわれ、今は岩手県になっているが、江戸時代は伊達藩領だった地域だ。棟梁にとって初めての出稼ぎは伯母の縁がある北海道だった。子どものいない伯母の仕事を継ぐためだったが、夜間高校に通う傍ら、アルバイトをした。型枠大工という新しい仕事で、大工の徒弟にならなくとも一人前になれる仕事だった。社長がとてつもなく厳しい人で、ちょっとでも泥のついた服や靴のまま、室内に入ると怒鳴り散らされるという具合だったという。中学を出たばかりの少年に出来ることといったら限られていただろう。それでも、社長の扱い方は度が過ぎていたのではないだろうか。修業の厳しさとは別に思え、少年の自尊心は容赦なく傷つけられていた。ところがある日のこと、会社に泥だらけの服装、汚れた長靴のまま くわえ煙草で入ってきた横柄な男に社長は一言も注意しないという出来事があった。一五歳の少年は仰天して、その男が帰るとき、思わず後を追いかけて聞いてしまった。

「あなたのようになるにはどうすればなれるのですか？　お願いです。弟子にしてくれませんか」

「お前の故郷はどこだ？　何、気仙？　ええ職人がいっぱいいるところではねえか！　こんなところにいることない！　早く田舎に帰って職人に弟子入りしな！」

男はダムの現場技術者だったというが、社長が一目置かざるを得ないほどに優れた技術者だったのではないか。反して社長は強いものにはへこへこし弱いものには大きく出るという狭量な男だったのかもしれない。その男の態度には俗物社長への反発があったような気もする。

あの男のような職人になろう、と決心した洋二少年は故郷に帰って父親に一人前の大工になれるように腕を磨きたい！　と頼み込む。大工の家に生まれ、まわりにも大工を多く見かけるという環境でそれを特別なこととも思わず育った少年に初めて外からの目で父親の仕事を見つめる機会が生まれたともいえる。息子が並々ならぬ決心をして故郷に帰ってきたことを敏感に感じ取った父親は、出稼ぎと出稼ぎの間を縫ってマンツーマンで厳しい指導を始めた。この間のことを棟梁は前記の『東北学』に語りの形で残している。

朝から晩まで厳しい修業の日々が続いた。

遊ぶ暇などなく何から何まで父親は実践して見せてくれた。部材を切るのは手鋸《のこ》、穴をあけるのは鑿《のみ》、鋸や鑿の研ぎ方まで朝から晩まで教えてくれた。休みの日は決まって寺まわり。特に何を話してくれるというのではなく視線で教えてくれる。木の仕事が好きだったので、飽きるということはなかったという。

一度、鑿がすべって太腿を切ってしまったときのことだ、父親は「お前の座り方が悪いからだ。正しい座り方をしていれば切れるのはここだ」と持っていた鑿で足の別の箇所にもう一つ傷をつけた、というエピソードが語られていた。この痛みを絶対忘れるんじゃないぞという自分の持てる技をすべて息子に継いでもらいたいという師匠でもある父親のやむにやまれぬ思いの発露とも思える厳しさだが、そばで見ている母親が泣きながら止めてくれたことも棟梁はよく覚えている。親父は焦っていたのかもしれない、と今になって息子は考える。

成人する頃には、

「もう教えることは何もない。これから先は一人で実践に向かえ、必要なことは仕事が教えてくれる」と言われた。

一年後、父親は出稼ぎ先で他界した。

気仙大工にとって出稼ぎは常態であったから、佐藤棟梁もいろんな地域に出かけていった。藩政時代と違って交通機関が発達していたので、遠くは九州までも出かけた。現場に住み込むと、気仙地方で通用している構法が通用しない地域もあることを発見した。そういうとき、なぜなのか、を追求しないではいられないほどに知的好奇心が強く、風土と密着してその地域独特の構法が編み出されてきたことにも気づく青年になっていた。棟梁になる素質には生来のものがあったとしても、それ以上に探究心の深さと精進が今の棟梁をつくり上げていったのではなかろうか。

やがて宮城県北の鹿島台、石巻、涌谷、南郷、田尻などに腰を落ち着けて仕事をするようになる。新築を頼まれ、古い家を壊すと「棟札《むなふだ》」（棟上げや再建・修理のとき、工事の由来、建築の年月、建築者または工匠の名などを記して棟木に打ち付ける札）というものが出てきて、見ると、気仙大工が建てている家が多く、故郷の先達《せんだつ》の軌跡に触れ、意識して気仙大工として仕事するようになった。出稼ぎ先で土地の娘と結婚し、そこに落ち着いている気仙大工が少なからずいることも知った。

二〇代後半のことだろうか。ある工務店に雇われてすぐに神社を建てるという現場を任されたことがあった。現場に行ってみたら、氏子さんたちが大勢集まって待っていた。早速挨拶をして仕事を始めようとしたら、「親方を待たんのかい！」と怒鳴られた。棟梁は小柄で身体つきもほっそりしているからよけいに若く見えたに違いない、親方といえばもっと年嵩《としかさ》のどっしり落ち着いた人を想像していたのだろう。自分が親方なんだ、と言ってもなかなか信じてもらえない。こんな若造に仕事ができるわけがない、と思われたようだ。

まずは仕事を見て下さいと頑張って仕事したら、やっと見直してくれたばかりか、すっかり贔屓《ひいき》にしてくれるようにまでなり、仕事が次々に舞い込んできた。雇われた工務店では社長との折り合いがなぜか悪くなってしまう。いつの間にか、社長よりも棟梁の腕前を頼る人が多くなってしまうためだったようである。

二度目の工務店で辞めようとしたら、何人もの大工が一緒に辞めて、棟梁と仕事がしたいと言ってついて来た。その時のメンバーが今も〈興建ハウジング〉で何人か働いている。

棟梁について来た大工が一様に驚嘆したのは棟梁の持っている道具の多様さと磨き抜かれた刃物類だったと聞く。気仙大工と普通の大工の違いは道具にも現れるものなのだ、と気づいた。社長業もこなす今も刃物研ぎは欠かさない。

初めて三本木の本社にお邪魔したときに、一間はあろうかと思える立派な神棚が応接室の壁面を飾っていた。びっくりして見上げていると
「漁師さんの家を建てたので、神棚がいるだろうと思って仕事の合間につくってみたんだよ」

「唐桑御殿のような家なんですか？」

「そういうわけでもないねえ」

棟梁としてはその家に神棚があってほしい！　という気持ちを抑えきれないでつくったのかもしれない。仕事を始めると夢中になって、いつの間にか、夜が白々と明けようとしていることもよくあるという。根っから手仕事が好きなのだ。でも勝手につくったものをあげていいものだか、と迷っているという感じだった。気仙大工は宮大工の仕事もこなせる大工として名を馳せてきた、というのはこういうことだったのか、と感じ入って、見事な細工師の手業《てわざ》を見つめた。金銭に替えられないほどの価値がありそうに思えた。

自分の工務店を立ち上げる

一九八五（昭和六〇）年ついに三本木町（宮城県大崎市三本木）に棟梁は自分の会社を立ち上げた。三七歳にして独立ということだ。それから三〇余年、棟梁の会社は実績を積み上げてきたようである。お付き合いが深まるにつれ、私も棟梁がその世界では一目置かれる存在であることに次第に気づくようになった。

父親に付いて厳しい大工の修業を始めた棟梁だったが、二〇歳で父親からすべてを教えたと言われた後に、気仙町に住む叔父である棟梁のもとで三年間、徒弟制度を体験している。叔父さんは四〇人も五〇人も弟子を抱えた大棟梁で、棟梁の腕を認めてくれ、弟子たちと一緒の暮らしを体験した。棟梁はその暮らしを懐かしみ、今は否定的側面で語られることの方が多い徒弟制度だが、それがなければ学べなかったことが多くあるという。

佐藤棟梁が一九四八年に生まれて一五歳で社会に出た一九六三（昭和三八）年は東京オリンピックの前年。日本は、伝統的な暮らしがまだまだ息づいていた社会に片足をつっこみながら、昔のものはすべて価値なきものとして棄て去ってひたすら前進する社会へと転換しようとしていた。棟梁が大工の修業を始めた昭和三〇年代の後半に大学に進学し建築学科に学んだ、というある学者の発言を目にした。

その人は大工になりたくて建築学科に進んだのに、そこは大量生産するために最適な方法は何か、を研究するところだった、という。大学に残り研究者としての歩みもその道に沿って進み、気がついてみたら、最初に大工を志したこととはあまりにはずれて、今では日本中がコンクリート建築で覆い尽くされているではないか。これで日本はほんとうに大丈夫なのか、と思うに至った。二一世紀に入ると、画一的な規格住宅の大量生産によって全国に同じ風景をつくってしまったことは間違っていたと思うようになった、と告白していた。

敗戦から二〇年のこの時代、大学での建築教育の新しい流れとははるか離れ、地方で大工として働くことができたのは、逆説的な見方になるが、棟梁にとって幸せなことだったのではないか、と気づいた。それは、棟梁に身近に接して、昔ながらの構法を身近に感じることができる私たちにとっても、幸運なことだったのだ、としみじみ思った。

木材を殺してしまう現在の乾燥技術

棟梁に初めて会いにいったとき、開口一番に言われた言葉が

「昔ながらの伝統構法（木組みの建築）と現在のような近代工法（大量生産方式の建築方法）の両方を経験できたことが僕の一番の宝物だって思っているんだよね」

というものだった。

続けての言葉は、

「木は斜面の上向きに倒れるように伐るものなんだけど、昔は切り倒した木の上の方の枝や葉は残して、根元を切り株の上に載せて、そのまんま山に残してきたんだ。しばらくして枝葉が枯れたと分かるとすぐに山から運び下ろすんだ。〝葉枯らし〟と言ってね、樹木が乾燥するのをじっくり待ったもんだよ。ところが今は高温乾燥と言って高温であっという間に乾燥させるやり方が普及してしまった。自分のような昔の技を知っている人間にはこんなやり方は木を殺してしまうように思えて怖くてね、できないんだよ」

というものだった。

〝葉枯らし〟——初めて聞く言葉だった。

〝葉枯らし〟大和言葉の柔らかさが気に入ってつぶやいているうちに、一人の思想家のことが思い出された。

大学で培った農業経済学という学問の方法をすべて捨てて、「何も求めず、何も教えず、何も教わらず、何も調べず、ただ農民と時空を共有するためにのみ、村を訪れる」という稀有《けう》な道を選んだ思想家・守田志郎である。今、その名を知っている人がどのくらいいるのか、知りようもないのだが、東北の農家の中には今も尊敬する思想家として守田に熱い思いを抱いている人たちが少なからずいることを知っている。彼らは守田を師と仰ぐことで東北農業の厳しい時代を生き抜いてきた人たちだった。

彼の著書の一冊に、奥羽山脈の山ひだ深くに暮らしをかまえている山人から聞いた話として〝葉枯らし〟が書かれていた。

「山で倒したスギの木は片枝を残して何ヶ月か放置する。枝を片方だけ残すのは、スギの心部も周縁部も同じように乾燥をすすめるための山の人たちの常識である。やがて枝をはらって山をおろす」

山の人の常識である、断定的な言い方は守田らしくないなあ、いつ頃から常識になったのだろうと気になってきた。

『日本書紀』に木の使い方をスサノオノ尊が指示したくだりがあることはいろんなところで引用されている。

〈スサノオノ尊は韓郷《からくに》には金、銀があるのだから、我が子の治める国には船がなければ、と言って、ヒゲを抜いてまくとスギになった。胸毛をまくとヒノキになった。尻の毛はマキ（コウヤマキ）に、眉毛はクスになった。そして言った。「スギとクスは船材に使いなさい。ヒノキは宮殿建築用材に用いなさい。マキは死者の棺にしなさい」……その三人の子どもたちはよく木の種をまきほどこした〉

『日本書紀』は七二〇（養老四）年成立だといわれている。日本人はこの頃からすでに木の種類やその使い方、そして木を植えることも知っていたということだろうか。

山で木を伐り、それを都に運ぶのは大仕事だった。どのようにして運んだのか、については義務教育の教科書にも書いてあった――修羅《しゅら》あるいは筏《いかだ》流しなど――ので、知識としてあったが、山で木を伐り出す人々がいなければ、木を運び出すこともできないはずなのに、そこまで考えがおよばなかった。山で木を伐ったり、家を建てたりする人々は伐った木をそのまますぐに建材として使うと、ねじれたり、反ったりして使いものにならないことを、経験的に知り、それを避けるために〝葉枯らし〟という手法を編み出していった。それが山の人の間では口伝として広まっていたのかもしれない。でも山人はそれをわざわざ都の人に伝えようともしなかったし、記録に残そうともしなかった。だから私たちも知らなかった。守田が山の人の常識です、と言った意味はこういうことだったのではないか、守田は都会の人たちは何も知ろうとしないが、という気持ちも込めていたのかもしれない。

都で大きな寺社、堂塔を建てる場合、大量の木材が必要になり、近場だけでは間に合わず遠くから運んでくることになる。その間に木は雨や風、暑さ寒さもある自然の中を運ばれてくる、それが〝葉枯らし〟と同じ効果を木にもたらしていたので、都の人は気づかなかった、ということがあるかもしれない。

守田は、別のところで、集中豪雨の後に山人を訪ねていったときの話を付け加えていた。山人は、豪雨の傷跡をみながら、頂上までスギを植えてあるところは土が崩れてスギが流されたところが多いといい、昔から頂上のあたりにはスギは植えないことになっているんです、なのに――、と次は言わずもがなと思ったのか、口にしなかったが、全国一斉に「拡大造林」という政策が吹きまくったことへの山人の憤りを守田は感じとっている。

山人の憤りは植栽不適地にまで人工造林を強制された、というだけではなく、自分たちがそれまで蓄積してきた山人としての歴史や技術を全く無視されたということも含まれているはずである。時を同じくして燃料エネルギーが石油に替わり、化学肥料によって採草地もいらなくなり、山人にとって森は必ずしも暮らしに必要なものではなくなり、山を棄て都会へ出て行くことが当たり前のことになり、その動きは加速するばかりで留まることはなかった。

日本のような手間暇のかかる造林技術、大勢の人手を必要とする山仕事は、山村に多くの人がいてはじめて可能になるものであったから、人がいなくなった山村にあってはやりたくてもやれないのが山仕事だった。造林した後の人工林が荒廃していくのは当然の成り行きだったのだ。

「木の文化」と「森の文化」

〝葉枯らし〟が山に棲む人々にだけ共有された文化だったと知ったとき、「木の文化」「森の文化」を独特の文脈で語っている野の哲学者・内山節の文章が気になってきた。

内山は守田亡き後その継承者として数は多いとはいえないとしても東北の農家の人々が師として仰いでいる人だ。

日本は「木の文化」の国だといわれ、都に住む人々は山の木を巧みに使って数々の道具や建築物をつくってきた。それらの建築物の多くは優れた歴史的な文化財として、国宝・重要文化財に指定され、その数四〇〇〇棟以上にのぼるといわれるほどの量だ。しかし、彼らの「木の文化」は山や里で森の恵みを暮らしの糧として暮らす人々の「森の文化」への視点が抜けた文化ではなかったか、「木の文化」と「森の文化」を分けて考えるべきではないか、と内山は言う。

思えば、作家・塩野米松がライフワークとして追求している手仕事をきわめた人たちはすべて「森の文化」を生み出した人々であった。彼らは仕事は違っても森の中ではお互い限られた森の資源を巧みに循環させながら、根気のいる手仕事を通して、森の木々を守りながら、私たちの日常の暮らしを豊かにする道具を造り続けてくれた人々だった。忘れてはならないのは彼らの手仕事は農の営みをその根っこに持ちながら、いつも行なわれていたということだった。手仕事が専門化していき、農の比率が限りなく少なくなることはあったとしても、バックボーンにはいつも農の営みがあったのではないか。このことは法隆寺大工棟梁の西岡常一の自伝の中でもうかがえる。

彼は生まれた時から祖父の常吉から、棟梁になることを期待されて厳しい育てられ方をされたと自ら語っているが、小学校を終えて、進学するときにも、工業高校ではなく祖父の強い意思で農学校に入れられた。しかも農学校卒業後もすぐには本格的な大工の修業をさせてもらえず、一年間一反半（約一五アール）ほどの田を与えられ、一人で米づくりを任せられたという。

祖父がなぜ大工になろうとする自分を農学校に入れ、米づくりまでさせるのか、長いこと納得できなかったという西岡棟梁だったが、祖父の本当の気持ちが次第に分かってくる。

「人間ちゅうもんは土から生まれて土に返る。木もおんなじだ。土のありがたさを知らなんではほんとうの人間にも、立派な大工にもなれはせん」、祖父の思いの深さを感じる言葉である。農学校の教育を通して身体で学んだことが後々の仕事にどんなに役に立ったことか、その有り難さを西岡棟梁は噛みしめている。

内山は、有史以来、世界でも有数の緑に恵まれた国に生まれ、その緑の恩恵を「木の文化」として充実させてきた日本人が、なぜ、日本の森をかくまで荒廃させ、今では外材をあっさりと引き入れてしまっているのか。そういう精神風土を生み出した源は何なのか、を追求する過程で「森の文化」と「木の文化」の担い手を区別して考えることの大事さに気づいたのだと思う。「森の文化」という言葉を「山人の文化」という風に置き換えて考えてみると私には二つの文化の違いがいっそう際立つように思われるので、山人、言い換えると山里に住む人々を視野に入れて考えてみたい。

内山は、一九七〇年代初めから群馬県上野村と東京を往復する暮らしを始めた。東京生まれの東京育ちである内山が山里で見つめて考えてきたことは数々の内山の著作にうかがえるが、それは私たちが山里に描く先入観を常に問いただすもので、私にはいつも刺激的なものだった。内山の描く山里の暮らしは、特に水田稲作からはずれた暮らしは外界との接触もほとんどなく閉ざされた自給自足のつつましい暮らしに違いないと考える大方の日本人の予測を大きく覆すものだった。日本の森林率六七％という数字だけは知っていても、そんな広い面積を占める森で暮らす人々の暮らしや育んだ文化の諸相を視野の外においてきたのが都市に暮らす私たち大方の日本人だった。

一生の間、一つの仕事、あるいは一つの会社を全うするのが上質の人間の生き方だとする固定観念が社会通念になったのはいつ頃からなのだろう。そういう社会では、農業といっても水田稲作農民だけではなく、農業の傍ら商売もするし、鍛冶《かじ》屋や大工のようなこともできるというのが当たり前だった時代の姿に想像力を働かせることが困難になっていることは確かで、森の恵みをふんだんに暮らしに取り入れて暮らす山人たちの多芸多業はなおさらに理解できないことかもしれない。日本中世史研究の網野善彦、その弟子で中世山村史の研究家・白水智《しろうずさとし》の著作からも多くを教えてもらった。峠を越えて尾根みちをたくさんの人々が行き交い山が賑わっていた時代が確かにあったのだ。

前項でふれた拡大造林について、内山は次のように指摘する。

「造林によって山をつくりかえ、広大な人工林をつくり出していくことは、森林と村人の関係を変えることである。少なくとも、それは村人の営みのなかで活用されていた森を、林業経営の森林に変えていくことである。すなわち拡大造林は、村に変化を求めていたのである。ところがその技術は、変わらない村、変わらない村の労働力を前提にしていた。ここに拡大造林の基本的矛盾があったといってもよい」

はっとさせられる言葉であった。ここまできっちり山村の変化の歴史的意味を捉えている文章に初めて出会ったように思った。このことはきっちり押さえておかねば、と心に刻み込んだ。

自然の木を建物の木にするには

西岡常一は自然の木から建物の木へ生まれ変わらせるためには、三年から一〇年間寝かせておかないといけないという。

なぜ、そんなに長いこと木にムダをさせるのか、と思われるかもしれないが、と断った上で西岡棟梁は次のように説明する。『法隆寺を支えた木』より引こう。

「自然の立木であったとき生育に必要だった樹液は、建物の木になるといらなくなります。この樹液がどういう成分からできているのかくわしくは知りませんが、その木に樹液が残っていることはよくありません。それを一般には、木の乾きがまだよくないとか、よく枯れていないといいます。枯れていない木を使うと、割れたり、思いがけないくせが出て建物を狂わせたりします。またしみが出たり、腐れの原因にもなります。

これをなくすためには、立木のときの樹液をしぼり取ってしまわねばなりません。昔の人たちはそれが終わるのをじっくり待ちました。ぼんやり待つのではなく、山から運び出す間の年月をそれにあてたのです」

胸にストンと落ちるようなとっても分かりやすい説明だ。現代では樹液について科学的に解明が進んでいるようだが、私などはこういう説明が一番しっくりくる。

木場《きば》で知られる水中貯木についても、なぜ水に浸けておくのがいいのか、長い間、不思議に思っていた。西岡棟梁の説明は明快だった。

「それでもなお樹液が残っているときには、木を池や川に浸して置きました。樹液が残っている木は水に沈みます。沈んだ木には水がしみ込んで、中の樹液を追い出してくれます。このようにして芯まで樹液が無くなった木は、水の表面に浮き上がって来ます。樹液がなくなると水の通りがよくなるので、乾きもはやくなります。木が乾く、枯れるとはこのことをいうのです」

樹液のことをアクと表現する人もいる。

続けて、西岡棟梁はいう。

「ところがどうでしょう、いまの忙しい時代では、こういう時間のかかることはあきらめなければ、ならないのです。昔のやり方はゆるされません」

そして法隆寺金堂の再建では主な柱は「高周波乾燥」という手っとり早い方法がとられたことを次のように話す。

「自然の力で木の樹液を取り去るのではなく、人工的に熱でそれを取り出すようなやり方です。これは木のいのちを縮めるものでしょう」

怒気が感じられる言葉である。

「高周波乾燥が思うようにいかないということで、柱の芯をくり抜いて高周波をかけるという手荒なこともされました。結果として、太い柱は縦割れがひどくなっています」

柱がバラバラになる恐れすら感じて西岡棟梁は次の世代の人々に対して申し訳なく、恥ずかしいという思いを吐露している。

高温乾燥と低温乾燥

それでは〝葉枯らし〟を教えてくれた佐藤棟梁はどうしているのだろうか。気になったので聞いたところ、天然乾燥を基本にしているが、天然乾燥がかなわない場合、低温乾燥というやり方で対処しているという。

後に、宮城県栗原市にある㈱くりこまくんえんや南三陸町にある丸平木材を見学して、それぞれやり方はちがうが、日本では数少ないという低温乾燥している工場が宮城県に二ヶ所あることを知った。

「くりこまくんえん」の場合、くんえん（燻煙）とあるように木材を燻《いぶ》すわけだが、六〇度くらいの低温で、一〇日間ほど燻して、乾燥させる。燃料はもちろん化石燃料ではなく製材のときに出るバイオマスだ。燻煙という言葉からは、防虫効果もありそうだ。丸平木材の場合は、「愛工房」という低温乾燥装置を使い、サウナのような人間も中に入っていられる四五度で木材を乾燥させている。こうすることで、本来の木の持つ輝きと香りを失わない乾燥材になるそうだ。

丸平木材の低温乾燥に触れたが、実は丸平木材を訪ねる前に、同じ南三陸町の林業家・佐藤久一郎さんの林地を見学させてもらっていた。林業家としては一一代目になるという久一郎さんの森は、スギ、ヒノキだけの単一樹種の森ではなく中低木の広葉樹、さらにその下には灌木《かんぼく》、シダ類も見られるという多様性に満ちた森だった。作業員が実際の作業の一端を見せてくれたが、人の手がよく加わっていることをうかがわせる森だった。ここでは木材を伐採したあと二ヶ月半ほど〝葉枯らし〟乾燥してから、丸平木材に持っていき、天然乾燥、急ぐ場合は低温乾燥する、ということだった。

天然乾燥とか人工乾燥とか、全く初めて耳にする言葉だったが、気になってくると情報は不思議に向こうから飛び込んでくるものだ。ところがその情報のほとんどは人工乾燥イコール高温乾燥であって、低温乾燥などなきがごとくのようなのである。棟梁の言う通り低温乾燥にこだわっている大工や工務店はごくごく一握りのようだ。

スギ、ヒノキのうちヒノキについては低温や中温でもヒノキの色や匂いを保持させての乾燥が可能だがスギは全くお手上げだ、とする意見が大多数だった。スギは細胞の構造からも水分が抜けにくくなっているので、中温乾燥機に一ヶ月入れておいても心材《しんざい》（中央の赤褐色の部分）はほとんど含水率が落ちない、と書いている人など高温乾燥を当たり前のように勧める人ばかりが目についた。そんな中、〈低温乾燥で木の力を引き出す〉というタイトルの雑誌記事を見つけた（『季刊地域』農文協、Winter 2018 No.32）。

この号は「〝山で稼ぐ！〟小さい林業ここにあり」がテーマになっている。真正面から木材の低温乾燥法を取りあげている。

東京都板橋区のアイ・ケイ・ケイ㈱の伊藤好則さんは、木が高温乾燥される様子を見て、「もし自分が木だったら、そんなところには入れられたくない。木は生きているものとして扱うべきだ」と、低温乾燥の方法を手探りしながら独力で考案した。二〇〇四年に低温乾燥装置「愛工房」の試作機が完成したという。工場見学の際に、私はこの「愛工房」に南三陸の丸平木材で実物を目の当たりにしている。機械はそれから一三年経つ現在も宮城と三重、熊本、群馬、埼玉など八機しか稼働していない。なぜかといえば、導入後のメンテナンスに責任を持ちたいためと、自分の目の届かないところで外材の乾燥に使われるのを防ぎたいための二つの理由からだという。

丸平木材社長の小野寺邦夫さんの講話を以前お聞きしたことがある私には二人に共通するのは、スギに対する愛情の深さのように思えた。森林大国といわれ、木材資源に富む日本で、お二人ともに乾燥が難しいというだけで、不当に安く扱われているスギを惜しむ気持ちでは人後に落ちないようである。スギは一属一種で日本にしかない。学名は「クリプトメリア ヤポニカ・ディー・ドン」で日本の隠れた財産という意味だという。

木の持つ二つのいのち――上棟式の意味

我が家を建てたときにも、地鎮祭、上棟式はやったはずなのに、ほとんど記憶に残っていない。正直にいうと、神社について封建制の遺物のように思えていた頃だったので、面倒くさいなあ、という気分があったから、上の空でやり過ごしていたのだと思う。ところが東日本大震災を経験して、私の神社に対する気持ちも大きく変わっていた。そのうえ佐藤棟梁や白鳥さんが上棟式に特別の思いを持って臨もうとしていることがひしひし伝わってきてもいたので、期待を持って臨んだ。準備はなかなか大変だったけれど、新しい発見があった。

棟上《むねあ》げとは住宅の基礎になる土台と柱、二階の床組み、三角屋根の形を支える支柱＝棟木が立つことで家の骨格が出来る、その段階で無事の完成を祝うための節目の式である、とおおまかに理解していたのだが、棟梁や白鳥さんが上棟式で示してくれたものはそれ以上に深い意味が込められていた。

あらかじめ地域の人たちや幼稚園の先生方にも声をかけてあったので、思いがけず大勢の大人や子どもたちが集まって、用意したおひねりやお菓子を歓声をあげて受け止めてくれた。地鎮祭のときと違って、神社からは人は呼ばず、棟梁が式を司り、家の四方にお米と水を施主として孫息子がお供えし、白鳥さんがお話をしてくれた。

木のいのちについて、今まで考えもおよばなかった深い命題についてのお話であった。

〈木は植物としてのいのち、木材としてのいのち、という二つのいのちを持っているのです。木は生きものとして、地中に根をはり、幹を立て、空に向かって葉を繁らせ、花を咲かせ、実をならせ、種をつくって子孫を増やしながら木のいのちを生きています。でも、山で生きてきた木はこれからは木材としてのいのちを生きることになるのです〉

こども園「やかまし村」の上棟式で挨拶する佐藤棟梁

大勢の参加者で賑わう「やかまし村」の上棟式

木は伐られたときに第一の生を終えるが、建物に使われたとき、もう一度第二の生が始まる、ということだとしたら、上棟式で、いのちのバトンを渡されたのはこれから家を建て、そこに住む住民ということになるのだと気づき、厳粛な気持ちになった。

後日、長女の家に使う材木を見てもらいたいと言われ、初めての経験なのでドキドキしながら、材木が積み上げられ、大工さんたちが仕事をしている棟梁の会社の本社を訪ねた。

まず見せてくれたのは二四センチ四方に切った太い材木二本。「大黒柱だよ、どちらかいい方を選んでいいよ」と言われる。スギは分かったが、ヒノキは言われるまで、分からなかった。ヒノキなんてとんでもない、と思っていたら、「値段のことは気にしなくていいんだよ。普通に買えば倍はするけどね」。建築士の由利さんはヒノキの方を撫でさすりながら、「夢のようだ！　大黒柱は設計したけど、材のことは考えてもいなかった！」と感激さめやらぬ表情に見える。その言葉に従ってヒノキの大黒柱が長女の小さな家の中心に分不相応に納まることになった。最近はヒノキの値段が下がったそうなのだが、ヒノキには憧れの気持ちが今もある。

その後、台所のカウンターにもヒノキを使ってくれた。大黒柱に使ったヒノキの一部分が棟梁の木材置き場から見つかったのだという。

「第二の人生を同じ屋根の下で一本の木が再び共に生きることになったのですよ」と白鳥さんも建築士の由利さんもことのほか嬉しそうだった。

ほどなくして、今度はミズメザクラという材木がちょうど本社にあったので、台所の棚の一部に提供してくれたそうですよ、と由利さんが見にくるようにと誘ってくれた。すべすべとした白い肌が美しく、和食の料理屋のカウンターにぴったりするような板だった。白鳥さんはいとおしそうに撫でていた。（コラム「ミズメザクラ」参照）

棟梁と白鳥さんのやり取りを聞いていると、木がいのちを持っていて、できうるならば、そのいのちを全うできるように使わなければならないと、木に寄り添って考えているように思えてくる。

「柱を立てるときはねぇ、木が生えている状態で立てるものなんだよ」

と棟梁に言われた。

そう言われても、木材を見て、どちらが根元でどちらが梢かすぐには分からない。

「節をみれば、すぐに分かりますよ。節はそこから枝が出た、という跡なんだからね」

棟梁はこともなげに言う。木を材として使うには枝は邪魔だ。林業家は枝を切り落としてできるだけ真っすぐで同じ太さの木を育てようとする。

枝を切り落とされた木は切り口を守ろうと皮をのばして傷口をふさごうとする。

「節を見ても分からないんです、棟梁はいつ頃から分かるようになったのですか?」

「教えてくれるような親父ではないからね。自分で山に行って見てこい！　ですよ。夜中に懐中電灯を持って山まで行って見たですよ」

父である師匠と弟子の息子の緊迫したやり取りを聞く思いだ。紙の上に書いてあるのを読んで覚えるのとは違う。身体で見て何度も触って納得したものだから、しっかり身体の一部になるのだと思う。

　後に平山憲治さんの本に「気仙で忌み嫌う工法」のトップに〝逆さ柱〟と書いてあるのを見つけた。木が生えていたときの上下を逆さにして立てた柱のことで、逆さごとが起こるといって決して許さない、とあった。根元の方は木の重心をずっと受け止めてきているはずだから、柱になってもその方が強いように素人目には思える。それを徹底したいために、逆さごとをもってきたのかもしれないなどと思いをめぐらせた後、棟梁に逆さ柱の戒めのことを話してみたところ、意外な答えが返ってきた。

「棟梁によってはね、完璧な建て方をするのは神を超えることだからしてはいけないものなんだという考え方から、わざと一本だけ逆さ柱にする人もいるんだよ。だから俺たちは逆さ柱を見つけても、わざとしたのか、間違ってしたのか、分からないからね、黙って帰ってくるんだよ」

　平山さんは〔付記〕として、〔日光東照宮の陽明門は建物が結構すぎるのを恐れ、「ぐり（屈輪）形紋」を一つだけ逆さまにしている〕と紹介しているのだが、実際の使い方は幅がずっと広いらしいことが棟梁の言葉からうかがえ、棟梁が数々の家づくりから体得した哲学の一端をのぞいた気分であった。

　その柱の置き方にしても、木の生い立ちを見ながら建物の東西南北、どこに置くのが最適なのか、を決めていく。木には立木の樹心から南半分の「日表《ひおもて》」と日表の反対側の日陰の部分「日裏《ひうら》」がある。一本の木をそのまま使うときは日表が南面するように立てる、というのが一番いいやり方だ。ところが、日表の部分は節が多いので、見栄えが悪いと嫌われてきた。しかし、その木が育った環境に逆らわずに使うのが、その木の寿命を全うさせられることだし、建物を長持ちさせることにもなるというなら、もったいないことをしていたことになる。

木の節、趣向の移り変わり

ところが、面白いことが近年起こっている、と聞く。人々の美意識は時代とともに変わるものとしても、興味深いことだ。今の若い人にはむしろ節があった方が好まれるようになったという。節のないきれいすぎる木肌はコピーのように思われるのだそうだ。本物に限りなく近いコピー商品に囲まれて育った世代の反応なのか。

生まれたときから、飢えることを知らないで育った若者の間で、身の丈にあったつつましい暮らしに憧れる風潮が生まれている、と耳にする機会が増えたこととつながるのだろうか。節がアクセントになり、自然素材であるというシンボルになっているのではないか、と考える専門家がいる。

三十数年前、建築家の夫が設計した家に住む友人を初めて訪ねたとき、友人は室内を案内してくれながら、ふんだんに木が使われている壁面を「すごくたくさん節があるでしょう。青森ヒバなんだけど、節のためにとても安かったのよ」と言ったことを今もよく覚えている。ヒバがアスナロとも呼ばれていることは、井上靖の小説で知っていたけど、本物のヒバを材として見るのが初めてなら、木の節によって木の値段が違ってくることも初めて知り、興味深かった。

長女の家は土台と大黒柱のみがヒノキで後はすべてスギ材（ミズメザクラが一カ所あるけれど）が使われているが、そのスギ材には節が多い。流れるような木目が楽しく節は気にならない。

しかし、消費者にとっては節の有無で材の値打ちに上下がなくなることは嬉しいことなのだが、節のない木材を懸命に育ててきた林業家にとっては無念なことだと思う。節などのない役物《やくもの》と呼ばれる材の需要が減り、節などのある並材の需要が増えている近年の傾向に林業家は対応していかなくてはならないのだから。

手刻みとプレカット

本社の作業現場に案内されて、棟梁から、今はプレカットが当たり前になっているが、と切り出されとき、正直いって、そもそも私にはプレカットとは何か、という知識がなかった。材木に囲まれて、作業している大工さんの手元を見せながら、〝ほぞ〟と〝ほぞ穴〟の説明をしてくれた。大工さんたちは手刻みで穿《うが》っているのだが、最近ではこれが人の手ではなく機械でできるようになったので、このように手刻みでする工務店は少なくなる一方なのだ、という。

森林・林業白書には、「プレカット材は木造軸組住宅を現場で建築しやすいよう、住宅に用いる柱や梁、床材や壁材等の部材について、継手や仕口といった部材同士の接合部分等をあらかじめ一定の形状に加工したものである」とある。

先ほど、最近では、と書いたが、プレカット材が開発されたのは昭和五〇年代で、昭和六〇年代にはコンピューター制御によって機械で加工するシステムまで開発されたことにより、建築現場での利用は拡大の一途をたどり二〇一四年には在来工法における利用率は九〇％に達しているとあった。三〇年以上前から始まっていたことを知り、唖然とする。

一九八〇年に我が家を建てたときにはプレカット材は開発されていても、まだあまり普及してなかったのだろう、話題にものぼらず、腕のいい大工さんで、手仕事を愛しんでいる感じが伝わってくるような人柄だったから手刻みが当たり前と思って刻んで下さったはずだ。今でも「近くに来たから」と時々寄って不具合はないか、と聞いてくれるような大工さんで、当時すでにプレカットが流布していれば、話題にのぼっていてもおかしくないような気がする。

二〇一一年のプレカット工場の材料入荷量の内訳を見ると、国産材が三五％、輸入材が六五％となり、別の視点で見ると、人工乾燥材が四六％、集成材が四二％とある。

プレカット工場の役割が当初は大工の刻み仕事を代替するくらいだったのが、だんだん加工した木材を邸別に梱包・販売するように変わっていき、ハウスメーカーにとっては誠に都合のよい業態になっていく。プレカットするためには部材の寸法に狂いがないなどが必須の条件になることから、集成材へと傾いていく必然性は高かったが、それでも輸入集成材が国産集成材へと移行する動きが

継手、仕口が見える現場風景

棟梁の腕が冴える「やかまし村」予備室の天井

ここに来て強まっているようだ。

棟梁が手刻みにこだわるのは、プレカットされた材を構造材として使う場合の強度に不安が残るからだという。しかし、口にしてははっきりは言わないけれど、一つひとつ丁寧に木材を穿《うが》っていく作業にかける時間こそが職人のいのちだと思っているようにも感じられる。

〝継手《つぎて》〟や〝仕口《しぐち》〟といった昔から伝えられる接合方法が園長の家ややかまし村こども園でも多用されているようである。写真で紹介しようと試みたもののとても難しいことが分かったので、由利さんにアドバイスをもらって、代表的な〝継手〟〝仕口〟の図を紹介することにした。

おおざっぱにいえば〝継手〟は部材を縦に接合する方式、〝仕口〟は部材を直角または斜めに接合する方式のことだ。次ページの図でいえば、上から蟻継ぎ、追掛け継ぎが〝継手〟であり、下の通しほぞ、包込みほぞ、渡りあごが〝仕口〟である。渡りあごの「あご」は長い角材にあごを乗せた状態に見えるから付けられた名前だという。これらは〝継手〟〝仕口〟のほんの一部で、必要に応じてさまざまに組み合わされるので、一冊の本ができるほどにたくさんある。

こども園建設の入札日が八月末で三月末までに建物の完成という厳しい条件をクリアするために、この工事を落札した仙台のハウスメーカーであるＳＫホームの担当者がプレカットを望むのは当然で、相互に葛藤があったと思うが、棟梁は手刻みで絶対やるという主張を通した。そのために棟梁には私たちには見えないところで、墨付けや手刻みに費やす眠れない日々があったのではないか。とにかく予定日までに審査を通るほどに建物は出来て、その充実感と達成感はまわりの関係者すべてを包み込んだ。

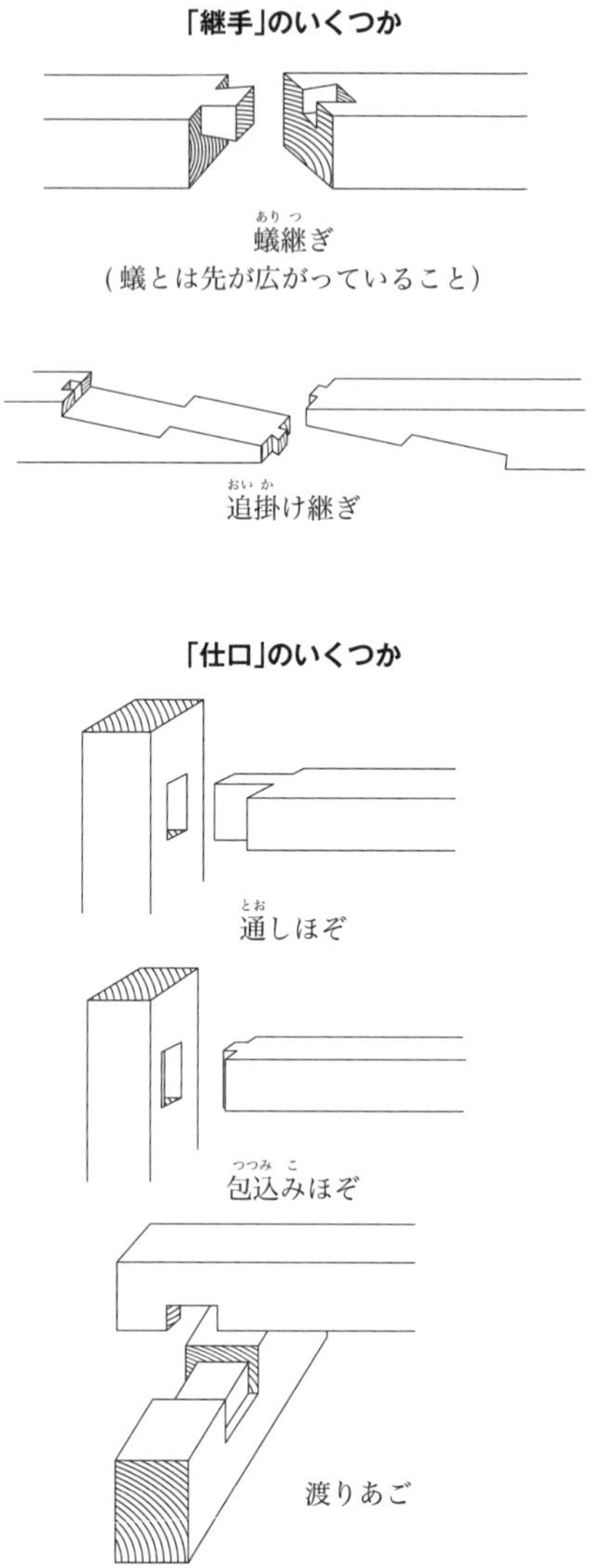

山本学治『森のめぐみ——木と日本人』（筑摩書房）より

工業高校の生徒たち

南三陸の森で、仙台工業高校建築科の一年生と一緒に林業家の佐藤久一郎さんから、説明を受けたことがある。そのとき引率していた久保晴義先生に高校生を森に連れて行ったり、建築現場を見せたりすることについてお聞きしてみた。

先生によれば、昨年はプレカット生産日本一の会社の子会社が宮城県大崎地方の加美町にあるので、工場に建築科二年生を連れて行ったとのこと。大量の木材が機械に乗ってあっという間に加工されていく、大変効率の良い工場だったそうで、月産三〇〇棟分を加工。三〇坪の住宅であれば、必要な木材の加工は二～三時間でできるから、一日に一〇棟分以上の木材加工が可能だという。材木の七割は輸入材、国産材は三割、乾燥は人工乾燥で一七～一八時間で完了する。当然高温乾燥である。

「大工が二〇年かけてやる仕事を、プレカットでは一〇日で終わらせることができる、しかも熟練の腕は必要なく、社員になれば福利厚生は万全で、高卒の初任給一八万円以上で県内企業の中ではトップクラスだと説明された。一方大工はどうか、社員大工として安定した待遇で若者を育てようとする企業は出てきてはいるが、大工職人の収入に関しては相当に厳しい」

「現在建物もその多くはオンリーワンのものづくりではなくなっている。建物や設備はほぼ一〇〇％量産品、建物自体もプレハブ工法といって、工場で壁の仕上げや設備まで完成させて、後はそれを現場に運んでつなぎ合わせるだけ、という技術をもつ企業が出てきている。施工の精度や工期の短縮、といった点で現場施工は相手にならない。消費者は安く、早く、安心できるものを選ぶ。オンリーワンのものづくりをする大工は安い、早い、安心に対するハンディを抱えながら受注を勝ち取らなければならないのだから、困難な道のりが待ち受けている、と思えばこそ、これから建築を生業にしていこうとする者たちが目にするこういう現実を一方で見せておいた上で、〈興建ハウジング〉のような大工の仕事も見せておきたい」

墨付けする佐藤棟梁

あうんの呼吸で製材する棟梁と製材職工

このような見学の組み方をなぜするのかたずねた。

「もし将来、伝統的な大工の道を選んだときに、決して後悔してほしくないからです。『なんだ、プレハブの家の方が大工の家よりもすごいじゃん』『何だ、プレカットの方が効率的で給料がよいじゃん』と後で思ったらその道をあきらめてしまいます。その前に現実をありったけ突きつけて、それでも大工や職人をやりたい、という者だけがその道を選ぶと良いと考えています」

と久保先生は話してくれた。

久保先生自身は東北の木材をふんだんに使って、東北の腕の立つ大工に家を建ててもらったそうだ。久保先生のお子さんたちは三人ともにこども園みどりの森に通った、現に通っているという縁もあって、親しくお話できた。

翌年は同じ高校の二年生が完成間近のやかまし村こども園を見学し、由利建築士から建物の構造についての説明を受けた。

スライディング・ウォール

平山憲治さんの本のコラムに、私たちが引き違い戸として知っている障子や襖《ふすま》を外国人はスライディング・ウォールと呼んで称賛したとあり、これは高温多湿の日本ならではの独自の工法である、と書いてあるのを読んで、隣の長女の家は引き戸ばかりのような気がしていたので、建築士の由利さんはドアよりも引き戸が好きなんだ、落ち着いていていいなあ、と漠然と思っていたが、実は日本の伝統構法であることに気づいた。そういえば、かつての日本の建物にはドアというものはなかったような気がしてきた。

同じ本にはまた、伝統様式の壁は木や竹、カヤなどを縄で編んだ木舞を掻《か》き、稲わらを混ぜた土を塗っていた。この壁の厚みは、雨・風を防ぐだけではなく、建物のゆがみを防ぐ筋交いの役割を果たしていたし、室内の湿度を吸収させて不快指数をカバーする調整も兼ねていた、と書いてあった。

木挽さん

棟梁は若い頃、木挽《こびき》さん、壁塗《かべぬ》りさん、屋根葺《やねふ》きさんたちと一緒に仕事していた体験を懐かしむ。特に木挽さんとは一緒に仕事する期間が長かったのか、「木挽さん」と呼ぶときの声には愛着がこもる。

「木挽さんがうんと言わねば、大工は仕事できねがったんだよ」

「それぐらい木挽さんは力があったのよ」

と一目置いているようにも見える。

作家・塩野米松は失われつつある職人の手業を惜しんで、多くの職人の話を聞き書きという手法でまとめている人である。その中に岐阜の木挽・関谷文雄について書かれたものがあった。

私が樵《きこり》さんという言葉を使うと、いつも棟梁から木挽さんと直されたが、塩野の問いかけに対して関谷は開口一番、私の仕事は木挽という職業です、樵とは違いますと言う。棟梁は私の言う樵という言葉にひどく異和感を覚えたに違いない、と今になって分かる。

山の立木を伐る仕事をするのが樵で、樵が倒した木を木挽が山で割って馬車で土場《どば》まで運び、木挽はそれを一枚一枚板に挽《ひ》いていくのだそうで、木挽の仕事ほどきついものはないという。杣師《そまし》という言葉を聞いた覚えがあるが、これが樵に相当するものなのだろうか。棟梁の育った気仙地方では樵も杣師もいなくて木挽が両方をやっていたのかもしれない。杣師という言葉は聞いたこともないそうだ。

関谷は大工をしていたが、父親が亡くなって大家族を養うために木挽になった、とあり、木挽の収入は大工の三倍くらいだったが、とにかく仕事はきつくお腹がすいてすいて、一日四、五回も食事しなければ続かない仕事だったという。だれでもできる仕事ではなかったのだ。木挽の仕事は動力で動く丸鋸が普及して以来、製材所の仕事になり、関谷さんの今の仕事は銘木店で一本が数百万円、数千万円という木材を挽く仕事だ。木挽の仕事もチェーンソーを使うことがあるが、木挽が鋸で挽くと十一枚取れる板がチェーンソーでは十枚しか取れないそうなのだ。木挽の腕がどんなものか、よく分かる。

東日本大震災の後に出来たドキュメンタリー映画『先祖になる』を思い出す。この映画は陸前高田市気仙町の佐藤直志さんという木挽さんの震災後の生き方を取り上げたものだった。映画上映後、池谷薫監督や佐藤直志さんたちが話をされ、「当たり前のことをしただけのことなのっしゃ」と軽やかに語る佐藤さんを見て、とってもいい時間をもらった思いがしたものだ。七七歳になるという佐藤さん、消防団員の息子は津波にのまれ、自分の建てた家も水に浸かった。先祖が生きてきたもとの土地に家を建て直し、「自分が先祖になる」と宣言し、周囲の反対を押し切って一人で家を建てて始める。その姿を追ったドキュメンタリーである。そのとき木挽さんという言葉が使われたかどうか覚えていない。きこりという語彙しか知らなかったから、きこりだった人という風に思いながら映画を見ていたはずだ。木挽さんのことを身近に知るようになった今は、無謀にも見えた佐藤さんの行動が木挽さんならなんでもなくやれたことだったのだなあ、と思えてきた。

棟梁には若い頃から親しく、家族ぐるみの付き合いのあった新沼廣八さんという木挽さんがいた。家をいずれ建てたいという思いで、少しずつ気に入った木を集めて寝かせていたが、家一軒分建てるに十分な木が用意できたので、棟梁にぜひ建ててもらいたい、とある日、ご夫婦で棟梁に挨拶に見えた。棟梁としてはもちろん二つ返事で引き受けたのだが、それからほどなくして新沼さんは突然亡くなってしまった。どうしたものか、と気になっていたら、東京で医師として要職にいる息子さんから電話がかかってきて

〈興建ハウジング〉の土場に積まれた古材のストック

「やかまし村」の地主さんの古家の階段が園舎管理棟に再生使用された

「洋二おんちゃん、自分たち一家は東京を離れられないから、親父の材木ね、全部おんちゃんにまかせるから、好きなように使ってくんないかな」

と言われたという。

「そりゃあ、木挽さんだもの、いろんな種類の木がいっぱいあってさ、しかもいい木ばかりだったんだよ」

棟梁は新沼さんの木材置き場を片づけて、本社にすべての木材を運び込んだ。棟梁としては自分の私物にしてはならない、お寺さんかこども園のような公共的な建物に使いたいという思いがあったようなのだが、この最上の材木が思いもかけなかったことに「やかまし村」に使われることになった。木挽さんの息のかかった立派な材木は一番大きいホールの天井にかかる長い梁に、地主さんの馬小屋に使われていたという古材とともに、天井から園児たちの遊びまわる姿を見守ることになった。ついでにいえば、このホールの奥の上方には棟梁が木彫りした「カマ神さま」二面が鎮座して園児たちを守ろうと頑張っている。（コラム「カマ神さま」参照）

棟梁の思いは、木挽さんの思い出の詰まった木たちに未来ある子どもたちの成長する場で二度目の人生を送らせてあげたいということだったのだろう。

屋根葺きさんと北上川の葦《ヨシ》

隣の家が完成に近づいていた頃、建築士の由利さんから、和室を見て下さいよ、と声がかかった。

和室は畳四畳の小さな部屋なのだが、床近くに一間の小窓があり、障子がはめられていた。その障子が葦を漉《す》き込んだ和紙だったのだ。

「葦は北上川の葦ですよ。棟梁がこれを使え、と持ってきてくれたんですよ」

「あの熊谷産業（後述）の？　すごい！　もっと障子の部屋をつくれたらよかったわねえ」

と感激ひとしおだった。

後で、棟梁にお礼を言ったら

「屋根葺きさんとは二〇年以上の付き合いなんだよ」

屋根葺きさんと特別の親しみを込めて棟梁は言った。

北上川はいうまでもなく岩手・宮城両県民にとって母なる大河であり、日本有数の大河でもある。藩政時代、著名な土木技術者・川村孫兵衛による改修工事によって北上川の川の流れは柳津というところで二手に分かれ、北は追波川《おっぱ》（北上川）と呼ばれて追波湾に注ぎ込み、南は石巻湾に注ぎ込み旧北上川と呼ばれるようになっていた。

南側の石巻は伊達藩の米の集積地、積出港として大いに栄えたが、今回の葦原の舞台になるのは追波川流域の方である。

北上川葦が漉き込まれた和紙の障子が納まる園長宅の和室

北上川河口から十数キロにわたって広がるという葦原の風景、ビルや近代建築はもとより民家もほとんどなく日本の原風景を見ているようで、宮城県に住む私たちの心象風景そのものと言っていいように思う。四季折々移り変わる葦原の美しい風景はマスコミにも必ず登場する。そういう意味で身近な存在だった北上川の葦原だったが、それをさらに身近なものにしてくれたのは、二十数年前に雑誌記者の知人が嬉しそうに話してくれた茅屋根づくりに取り組む一家の物語だった。

葦の需要も減って将来性も見込めず廃業しようと思っていたときに末の息子・秋雄さんが後継宣言をして会社として熊谷産業を立ち上げたこと（一九九三年）を教えてくれた彼女の昂揚した気分に感染して、それ以後陰ながら応援していたのだ。

そして棟梁が二〇年にわたってお付き合いがあると言ったのは作家・塩野米松が丁寧な聞き書きをしている「北上川の茅葺きの屋根師・熊谷貞好」で、家業を継いで会社を立ち上げたのは今社長になっている三男の秋雄さんだろうと思う。

熊谷家は、伊達藩の重鎮であった白石の片倉家の家臣であったが、片倉家が河口の警備を命じられたことから、何代か前にここに住み着いたという。熊谷家が葦と本格的に関わるようになったのは、先代からだ。

海水と淡水の混じり合う気水域に生える葦は、硬く丈夫に育ち、昔から品質の良さで知られていた。屋根の素材は、稲わら、麦わら、ススキ、葦の順に品質がよくなる。特に北上の葦は評価が高く、ススキの約五倍の値がついたという。北上の葦は今でいうなら〝ブランド〟品で引く手あまたの素材として全国から買い手が押し寄せていた。

小さいときから父の仕事を手伝っていた秋雄はその仕事の大変さを知っているから、絶対に跡を継がないと決心して北海道の大学に進み酪農を学ぶ。卒業後は青年海外協力隊員として畜産を指導するためフィリピンのルソン島に渡る。ところがそこで思いもよらない風景に出会った。山あいの集落に、北上町（現・石巻市）と同じような茅葺きの家々が建っていたのだ。故郷から数千キロ。見慣れたはずの茅葺きが不思議と新鮮だった。家業への誇らしさが膨らんできた。「日本でもこの風景を残したい！」

帰国する前にもう少し広い世界を見ておこうと、世界を放浪してまわった。ところがオランダ、ドイツ、南アフリカにも茅葺き屋根の家があった。家業が屋根葺きだと話すと人々は熱心に耳を傾けてくれた。茅葺き屋根には世界共通の普遍性がある！　と心が揺さぶられ、家業の再生を決意して帰国した。

ところが帰国してみると、なんと父や兄は家業の廃業を考えていた。熊谷家は牛の飼育もしていたし、北上川のシジミ漁の漁業権も持っていたので、食べるに困る状態ではなかった。いまさら時代遅れの屋根葺きでもなかろうという家族を必死に説得して秋雄さんは一九九三年、有限会社熊谷産業を立ち上げた。日本で唯一の茅屋根専門会社が誕生したのだ。その渦中に取材した知人は感激して熱のこもった記事をものしたはずだ。

国際的視野で茅屋根の仕事を見られるようになった秋雄さんは次々に新しい試みを始める。同業者が相次いで廃業に追い込まれて行く中で熊谷産業は若者らしい取り組みで全国から注文を受けるようになり、順調に仕事をのばしていった。

そこに三・一一東日本大震災が発生し、大津波は河口から北上川を約五〇キロ溯り、葦原はもちろんのこと、河川周辺の町すべてを呑みこんでいった。

社屋も社員寮も茅刈り機もすべて葦原と一緒に流された。国内はおろか海外でもその貴重な仕事は評価されるようになっていたから、支援の輪が広がり、励まされて力強く復興しつつあるように見える。屋根材として類を見ないほどの高品質の素材だといわれる北上川の葦。その葦を漉き込んだ和紙が身近なものになったのだ。（コラム「北上川の葦原」参照）

今も時々北上川の風を感じようと隣の家の小さな障子を眺めに行っている私である。

気仙大工の故郷を訪ねる

大震災から六年目（二〇一七年）の夏にあたる八月初旬、陸前高田を長女と二人で訪ねた。まずは米崎町の佐藤棟梁の新しい家に案内してもらった。外観は今風だが、一歩室内に入ると木目の美しい木の壁に囲まれた、いかにも気仙大工の家らしい雰囲気が漂ってくる。居間の入り口に立っているのはスギの太い大黒柱だ。床柱はケヤキの太い丸太である。吹き抜けの高い天井を見上げれば立派な梁がすぐに目に飛び込んでくる。引き戸はすべて一枚板で、木目がひときわ鮮やかだ。屋久杉と聞いて、驚いた。震災前にたまたま縁があって買っていたのだそうだ。〈興建ハウジング〉の材木置き場には、多種類の材木が保持され、棟梁の差配で最適な出番が来るのを待っているように思えた。その中から選ばれてここに来たのだろう。手彫りしたカマ神さま二面が居間にかけられていた。

二世代住宅で二階が娘さん夫婦の部屋である。津波で全部流されてしまったという前の家の跡地に建てたという新居。震災前は家から海までぎっしり家が建て込んでいたというのに、今家のまわりには人家がほとんどない。一〇〇年、二〇〇年の年月を経た後に、もう一度この家に出会いたい気がした。かなうことのない夢想にすぎないのだが、大災害がなければ、時を超え木目が味わいを増して訪れた人たちを時の魔法に包み込んでくれそうに思える家だった。

いつもは、跡取り娘だった奥さんが九〇歳をすぎた実母と二人で暮らしていたが、震災発生時、母親はデイサービスに出かけていて、奥さんは一人家に居た。

「近くに住むおばあさんが地震だ！　と駆け込んできたので、おばあさんを連れて逃げるためには車だ、と気がついて車を出したのね。私ひとりだったら、走って逃げようとしたと思うわね。こっちの広い道は混むかもしれない、ととっさの判断で、細い路地を上ることにしたのもよかったのよね、後ろから波が押し寄せる感じだったもの」

助かるか、助からないか、の境目はほんのちょっとの差なんだ、とここでも思い知る。とりあえずは米崎町の親戚のうちに身を寄せてから避難所に移って二年間の避難暮らしが始まった。

「広い家に暮らしていらしたから、大変だったでしょう？」

「座っているだけで、必要なものがすぐ手に取れるでしょう。慣れてくると楽だなあ、なんて思えてきたの。うちの方の避難所は戸建てだったので、プレハブだけど悪くなかったのね。避難所暮らしになれちゃったせいか、今のこの家は広すぎて大変！」

とユーモアたっぷりの話しぶり。趣味が多く、人の世話をすることも自然体でできる人柄らしく避難所暮らしも苦にならなかった風に話す。震災後の暮らしにつきまとうさまざまな困難を乗り越え新居もできて今もやることがある日常を楽しめているから出た言葉だろうか。

棟梁の家を出て陸前高田を案内してもらう車中での問わず語りの会話から棟梁と奥さんは小学生

の頃からの幼なじみで、中学生の頃には将来は当然一緒になるものとお互いに思うようになっていたらしいと知る。

「父親がね、厳しいのよね、二人が会うと分かると、三メートルほど後ろを必ずついてくるのよね」

「んだ、んだ」

中学生の二人が急に目の前に現れたかのような雰囲気になって、懐かしそうに当時のことを思い出して話しあっている。だんだん美しくなっていく娘がまだ何者でもない向こう気ばかり強い少年に引っぱられて行くのが心配で、そうせずにはいられなかっただろう父親の気持ちも伝わってきて、ひとりでに頬が緩んできた。

家付き娘だったために、棟梁と一緒に三本木に住むことかなわず陸前高田の家を守る役割をすることになり、別居暮らしが続いても、こういう二人だからできたのだなあ、と胸に落ちた。

念願だった木挽さんの新沼廣八さんのお墓参りをするために、同じ町内にある曹洞宗の古刹「普門寺」に。気仙大工の独特の技法が生きているといわれる本堂、杉の老木が並び立つ境内を進んでいると、木立の中に、さまざまな表情の無数の小さい羅漢像が現れてきた。どの石像も私たちに何かを語りかけているように見える。

聞けば、「未来への記憶プロジェクト」として二〇一三年より東日本大震災に亡くなった方たちの鎮魂のために遺族や被災地を支援する人たちが毎夏、寺を訪れてそれぞれの思いを高さ三〇～四〇センチの石に鑿を打ち込んでつくったものだという。今までに彫られた石像は四三〇体。今年の夏でいよいよ五百羅漢が五〇〇体になって満願になると思われ、まもなく満願開眼法要が営まれるはずだ。ここを訪れていなければ、目にすることもなく知らないままだったことだろう。こういう鎮魂の方法もあったのか、と心を動かされた。

さらに進むと、小さいながら見事な三重塔が見えてきた。建てた棟梁の名前は不明というが、いずれ劣らぬ気仙大工の腕が光っているように思えた。

その奥に新沼廣八さんの真新しいお墓があった。棟梁が落ち葉を手で掻き、まわりをきれいにした上で、交代でお線香をあげる。

（極上の良材をたくさんいただき、ありがとうございました。あなたの残された木たちはこども園「やかまし村」の大ホールで棟梁のカマ神さまと一緒にいつも子どもたちを見守っていますよ）。その場にいる誰もの思いだった。

次はいよいよ小友町にある「気仙大工・左官伝承館」だ。箱根山を車で上っていくと、茅葺き屋根の大きな民家が見えてきた。明治初期の気仙地方の民家を想定し、当時の建築様式に従ってつくられたという。民家といっても豪農とか肝煎（他藩では庄屋という。仙台藩では、庄屋・名主のことを肝煎といった）の家をモデルにしたものだろう、天井が高く太い柱の力強さに圧倒される。囲炉裏の煙で室内は燻されている。巨大なカマ神さまがかまどの上から入ってくる者を威嚇しているようだった。

左官の腕の見せ所だという、ナマコ壁の立派な蔵が併設されている。こちらには大工や左官のいのちである道具の数々が展示されている。その使う道具を見れば、職人としての腕前がどれほどのものか、一目瞭然だといわれている道具類が鎮座していた。

伝承館の職員は館長以下全員女性のように見えたが、伝統的な文化にいつも接しているためだろうか、純粋な気持ちが見物客に対する応対に溢れ出ているような気がした。

棟梁の古民家再生

雲が切れ、お日様が出て、蒸し暑くなってきたようだ。隣の大船渡市に案内された。今、棟梁が携わっている古民家の再生現場だという。幕末から明治にかけて建てられた民家らしい。裕福な商人の家だったのだろうか、立派な建物だったように見える。

その家で長年暮らし、思い出のある家を守りたいと思うおばあさんと新しく家を建てたい気持ちが優先する若い人たちの話を聞きながら、棟梁は提案した。天井の梁や柱が立派で、なくすには惜しいから、そのまま生かして再生したらどうだろう？　生き返るよ、と。棟梁はおばあさんの喜ぶ顔が見たいのだ、という。

棟梁の次男の純也さんが若い大工さんと解体廃棄物の整理をしているところだった。擬宝珠《ぎぼし》つきの欄干のある渡り廊下でつながっている、お堂のような立派な離れがあり、のぞくと仏間のように見えた。あとで平山憲治さんの本を開いてみると、「お御堂《みどう》」と呼ばれる建物だと判明した。浄土真宗門徒に特有の風習で、ご先祖様を弔う仏間を別棟に建てたお堂のことで、大船渡市の日頃市《ひころいち》町《ちょう》に多いという。

大船渡一帯は江戸時代初期には、伊達の御台所山・直営の金山として栄えた土地で金が枯渇すると鉄山になり、明治初期には養蚕で栄えたところだとある。やはり経済力のあった地域だから、立派な「お御堂」をつくることができたのだと納得する。

床が剥《は》がされて基礎が見えている。私たちの家のようにコンクリートで固められたものではなく、礎石の上に柱が載せられている。コンクリートでがっちり固められた今風の基礎を見慣れている目で見ると、いかにも頼りなげに見える。でもかつてはこのようなやり方が当たり前だったのだ。あとで石場《いしば》建てといわれるものだと知った。

一九七〇年代まで「こわし屋」と呼ばれる業種があったと聞く。「こわし屋」は専門技術であって木材を再利用するために住宅を分解して素材に戻す人たち。「ふるき屋」がその後を受け、素材に戻った木材を再利用するために売買する仕事だそうだ。かつてはこういう人たちがいて、住宅はほぼ一〇〇%再利用されていたことになる。

純也さんの働く姿を見て、「こわし屋」のことを重ね合わせた。このごろの工事現場で見る重機でがらがらがっしゃんっと一気に壊す解体作業とは違って、スレートはスレートという風に丁寧にまとめてネコ車で運んでいる。スレートは東京駅にも使われた玄昌石である。屋根材は三回変えられていることが分かった。一番下が玄昌石のスレート、その上に青いトタン、さらに上がモルタル瓦であった。

蒸し暑い昼日中の純也さんたちの丁寧な解体作業にはものを大切に最後まで使うという伝統的な精神が今もなお伝わっている気がした。家の改修を心待ちにしているというおばあさんは庭の草花の間にうずくまり、庭の一部になってしまったような風情で草取りに余念がない。熱中症を心配すると、慣れているから何でもない、とあっさりいなされた。

長女がそのスレートの破片をこども園「やかまし村」で園庭をつくっている庭師さんが欲しがっているから、と分けてもらう約束をしていた。どういう風な姿で再生されてお目見えするのか、楽しみに待つことにする。

棟梁はどんな風に古民家の再生をするつもりなのだろうか？　再生なった古民家を見てみたいものだ。

その後、もう一軒棟梁が古民家を再生した現場に誘われて長女の車で出かけた。石巻市（旧・河南町）広淵というところだった。津波の影響を受けなかったところで、周辺は昔風の塀で囲まれた屋敷が多く、見慣れている農村風景ではなかった。後で調べると、寛永年間（一六二四〜四四）に白石城主片倉家が足軽たち数百人を移住させ海防のための石垣を築き、帰農させた地域だと分かってきた。下級武士の末裔が集まった集落だと思えば、納得できる雰囲気だった。

設計は有限会社ササキ設計の佐々木文彦さん。〈杜の家づくりネットワーク〉代表を務める人である。棟梁が現場を担当した。古民家は一八〇〇年以上前に建てられたもので、棟札を探したがなかなかなか見つからず、やっと見つけた場所はほぞ穴の中だったそうである。

私が見事な梁に感心していると、棟梁は「気仙大工の仕事にも流行り廃《すた》りがあってねえ。このくらいの家だと太い梁が天井にあるものなんだが、この家には太い梁がなかったの。それが当時の流行りだったのかねえ。やっぱり太い梁が欲しい気がしてね、会社にあるストックの中から選んで付け加えたんだよ」と。

棟梁の会社の材木置き場には、梁材用の古材が数多く備蓄されているのを見知っていたので、こういう具合に古材にいのちが吹き込まれるのか、と得心しながら、もう一度、天井を仰ぎ見る。一方で、棟梁はどれほど多くの新築や古民家の再生の仕事をしたのだろうかとその経験の蓄積に思いを馳せた。

棟梁はさまざまな時代の古民家再生を手掛けた経験から流行り廃りという表現をしたが、建築当時の時代背景まで見ていくと、違った発見があるかもしれない。

ここは相当広い屋敷で、使われていない板倉が二棟もあった。佐々木さんはきちんとした建て方してますねえと感心して眺めていた。棟梁は未使用の立派な板が無造作に転がされているのを見つけてもったいなさそうだった。

私は「やかまし村」の地主さんの家にも板倉が三棟あるのを見ていたので、昔の家ではどういう必要性があって倉を数多くつくるのか気になった。後で詳しい人に聞くと、米をモミのまま保存したのですよ、と教えてくれた。

こども園の土地探しに奔走したことのある長女は、気に入った土地に巡り合うと、条件反射を起こすようで、ここに幼稚園を建てたい！　と口走る。確かに子どもたちの冒険心をくすぐりそうな場所だ。案内していただいていた近所の方は「でもねえ、このあたり、子どもが一人もいないんですよ」と苦笑なさった。

見渡せば、我が家のある仙台に比べて、広い敷地に立派な塀をめぐらし、ゆったり建てられた大きなつくりの家々が立ち並んでいる。三世代同居が当たり前だった時代はこのあたりにも子どもの声がいつも聞こえていたのだろう。ところが今、若い人たちは都会に出て暮らし、広い家に住むのは高齢の人たちばかりという現実が目の前にあった。日本の田舎はなんと豊かなのだろう、という甘い思いは一瞬のうちにはじけ飛んだのだった。

《コラム》

ミズメザクラ

ミズメザクラ？　聞いたことのない木だなあ、と樹木図鑑で調べると、カバノキ科・ミズメとして載っており、別名アズサとある。アズサユミという言葉がすぐに浮かぶ。昔は弓をつくるのに欠かせない木だったのだ。ところが畠山重篤さんによると、浜の漁師にとっては、かつては櫓やゆり棒（海苔柴を立てる際、海底に穴をあける棒）にする大切な木だったという。「三四郎の椅子」で知られる松本民芸家具のウインザーチェア、キャプテンチェアの主材もミズメと知った。〈材質や樹皮の横しま模様が入った風情がサクラに似ていることから、木材業界などではサクラを付けた名称がよく使われる〉と植物図鑑にあった。もう一つヨグソミネバリという別名がある、と記載されているのを見て、二〇年以上も前に、東北大学演習林を林長の西口親雄先生の案内で樹々の名前を教えてもらいつつ、〝藪漕《やぶこ》ぎ〟しながら歩きまわっていたときのことを思い出した。

西口先生の本には、アズサ（ミズメ）の材は弾力があって、硬い。木目は細かく、滑らかで、光沢があり、美しい。雪べら（屋根の雪おとし）、敷居、炉ぶち、自在鍵に使われた。餅つきの臼になった（餅がねばらない）。そりの材料にした。現在でも漆塗りの木地として、椀、盆に好んで使われている、という詳しい説明もあった。私たちの暮らしに欠かせない大切な木だったのだ。鳴子で地域の漆器職人、木工職人たちとの親しい交流を続けてきた西口さんにとっても身近で愛着のある樹木だったことがうかがえる。

ミネバリとはおかしな名前、どういう由来なのだろうと思っていたら、幹の断面に峯のような形が多いので名付けられたと書いている図鑑があった。以前にミネバリが気になって辞書を引くとオノオレ（斧折）の別名とあって、面白いなぁと思っていたのだが、また一つ新しい解釈に出会ったことになる。連想ゲームをしているようで楽しかった。樹液にはサロメチールのような強い香りがある、と聞いたような。ヨグソと気の毒な言葉を頭に付けられた由縁だろうか、と想像するが、これだけは消去してもらいたい気がする。

ミズメがアズサ（梓）の別名と知り、興味の赴くままに思いがけない謎解きの旅をした私だったが、畠山さんの謎解きの旅は国際的スケールで展開する。

持ち舟に「あずさ丸」と命名している畠山さんは中国行きを前にして、植物図鑑で中国では梓と書くと、日本でいうキササゲを指すことを知った。アズサはカバノキ科だが、キササゲはノウゼンカズラ科の樹木だ。なぜ同じ木が？　疑問をかかえながら中国へ旅立った。北京生まれの畠山さんは中国には特別の思い入れがあった。

上海の魯迅記念館の玄関のそばにひっそりと立つ魯迅の墓石のそばに、大きな梓（キササゲ）の木を発見し、思わず大声をあげる畠山さん。幼い頃に両親と住んでいたと聞いている古い町並みを歩いていると、さらに驚きの出会いが待っていた。魯迅といえば内山完造の名前を刻んでいる日本人は少なくないはずだが、二人を結んでいた内山書店の前にも梓（キササゲ）の木があった。偶然にしては出来過ぎているではないか、と呆然とする畠山さん。上梓する、という言葉は版木として使われたアズサとの関わりから生まれた言葉であり、もっといえば文学に関係する世界の象徴として「梓」が存在するのだと気づく。

私も中国旅行では魯迅記念館はすべてまわったのに、梓＝キササゲのそばを知らないままに通り過ぎていたことになる。大方の日本人旅行者もそうだったはずで、畠山さんご夫妻のように出会いを感動とともに喜ぶ体験はしなかったことだろう。付記：後日私のハンディな中日辞典を引いたところ、梓の訳として言葉通りにあずさとして、木版または木工品をつくること、またはその職人となっていた。植物の名前では、例えば沙羅双樹と沙羅《シャラ》（ナツツバキ）のように、同じ漢字であっても日中では実物は違うことがままあることとして経験していたので、植物図鑑と中日辞典の違いも畠山さんご夫妻の体験も興味深くて楽しかった。

《コラム》
カマ神さま

カマ神さま、と聞いても多くの人はピンとこないだろう。宮城県から岩手県南部にかけての地域、主に旧伊達藩領に伝わるもので、今でも旧家を訪

棟梁が手彫りしたカマ神さまがやかまし村の大ホールに鎮座した

ねると、土間のかまど近くの柱や壁に祭られた巨大なカマ神さまに出会うことがある。

分厚い唇に大きな鼻、かっと見開いた大きな目は上がり気味、憤怒の表情がカマ神さまの特徴かと思っていたが、過日、多賀城市の東北歴史博物館の展示室で見たカマ神さまはその思い込みを払拭してくれた。

展示室で出会ったカマ神さまも、後日送っていただいた博物館(正確には前身の東北歴史資料館)制作の資料集で見たカマ神さまもほとんど土製だったが、その表情は実に多様で制作者の個性溢れるものだった。キラキラ光る貝殻（アワビ貝が多い）や白い瀬戸物などが目や口にはめこまれているものもある。

明るい戸外から薄暗い土間に入り、突然目だけが異様に光るカマ神さまに接したときの驚きはいかようだっただろうか。火の守り神、ひいては家の守り神として信仰の対象になっていたと思われる。

地域によって呼び名もカマオトコ・カマズンツァン・カマノカミサマ（宮城県）、カマダイコク・カマベットウ・カマメンコ（岩手県）などと異なる名称が与えられていた。一九八五（昭和六〇）年度の調査で宮城県約二〇〇〇面、岩手県四〇〇面が確認できたという。カマ神さまが人々の暮らしにいかに深く結びついていたか、それは私の想像をはるかに超えていた。

　佐藤棟梁も子ども時代にカマ神さまと接する機会は少なくなかったはずである。

　大工になった棟梁にはかつて古い家を解体して新しい家を建てようとしたときに、壁にかかっていた粘土でつくられたカマ神さまをはずそうとして壊したことがあった。申し訳なくて、仕事から帰ると少しずつ手彫りし、建物が完成したとき、施主さんに差しあげた。自作のカマ神さま第一号だった。思いがけず大喜びされたことで、それからカマ神さまづくりが大切な趣味になった。

「やかまし村」が完成したとき、棟梁の手彫りによる二面のカマ神さまが園に寄贈された。食堂にもなる園の大ホールの高いところから園児たちを見守っている。

《コラム》

北上川の葦原

　アシ、悪しに通ずるとしてヨシという場合が多いかもしれない。ヨシは手に入りにくい地域の方が多いので、ススキで葺かれた屋根の方が多かったそうである。ヨシでもススキでも麦わら、稲わらも人の手で屋根に上げられるとぜんぶ〝茅《かや》〟と呼ばれ、茅屋根になる。でも〝茅〟という植物はないのですと熊谷産業のブログで見つけて、とってもすっきりした気持ちになった。ヨシ、アシとカヤの区別があいまいだったのだ。

北上川の葦原の七割が大津波の影響で地盤沈下が起こり水没したという。葦はリンや窒素を水から吸収して成長するので川の水を浄化し、葉は二酸化炭素を吸収し、光合成によって酸素を放出するので地球温暖化防止という役割もある、葦原はカニ、ウナギ、シジミといった水棲動物や鳥類など多くの生き物が棲んでいることにも注目が集まっている。

北上川の葦原は放りっぱなしではだめで、人の手が入ってはじめて良好な葦原になる。一二月から三月いっぱいかけて、刈り取りや野焼きをやることで、新しい芽が出て真っすぐで丈夫な葦が育つ。人の手が加わることで、決して枯渇することのない、持続可能な天然資源になる。熊谷秋雄さんは日本の中だけにいると気づかないが、海外での体験が茅葺きの価値を見直すことになった。

オランダを筆頭にデンマーク、ドイツ、フランス、イギリスにも茅葺き屋根の家がいっぱいあって、決して斜陽産業ではなく、特にオランダでは年間二五〇〇~三〇〇〇棟の茅葺き屋根の家が建てられている。職人の数も多く、茅葺き協会のような組織もあって産業として成り立っていることを知った。彼らは自分たちの仕事が地球環境に大きく貢献する重要な仕事だという誇りを持っていた。

秋雄さんは、楽な仕事ではないが続ける価値のある仕事だという自覚が、大津波ですべてが流されたことでいっそう深くなったのではないかと思われる。

オランダの職人の応援を得て、倉庫の壁を葦で葺いた、とブログにあった。オランダでは現代建築にうまく活用しているのだそう。壁の場合は屋根の倍以上に耐久力があるという。ぜひ本物を見たいと好奇心にかられる。

3

棟梁の技を生かす建築士

建築士とこども園「やかまし村」

建築士の由利さんに「やかまし村」の設計図をお願いしたことがすべての始まりだったと思っていたが、長女に聞くと、こども園になる前のみどりの森幼稚園時代からずっと一緒に働いている副園長が趣味の染織を通して由利さんと知り合いだったので、副園長が由利さんに

「農家の土壁に園児が興味を持っているんだけど……」

と相談を持ちかけたことがことのはじまりだったという。思いがけず由利さんは気軽に相談に応じてくれたばかりではなく、真剣に取り組もうとして面白い提案までしてくれた。後に実現する「ちいさなちいさなおうち」プロジェクトはここから生まれたのだし、由利さんに園の新しい園舎の設計をお願いするきっかけにもなったプロジェクトだった。

「やかまし村」の設計図は早くから出来上がっていたのだが、土地取得がままならず大幅に遅れていた。仙台市の補助金で建てる建物だから、施工業者の入札を待つことになる。二〇一六（平成二八）年八月末の入札で落札したのは、SKホームというハウスメーカー、仙台に本社のあるカナディアン輸入住宅の会社だった。

建築士の由利さんは伝統的な軸組構法による木造建築を想定して設計図を描いてくれていたはずだったから、お門違いではないかという疑問が素人としてはまず浮かんだものだが、個人住宅やマンション以外にも新分野を開拓していきたいという企業の事業拡大戦略だったのだろう。本工事の

施工業者の手配はこれからだというＳＫホームに、由利さんが佐藤棟梁の〈興建ハウジング〉を紹介し、「やかまし村」園舎の建設がようやくスタート台に立てたのだった。（コラム「『やかまし村』設計にあたって」参照）

住宅建設に対する姿勢は明らかに違う両者が共通の目的に沿って一緒に仕事をしていくことになったのだ。これから始めて来年四月からの開園に間に合うのだろうか、と傍目には心配な着工だったが、当事者の間では大人の仕事人としてどんな風に折り合いをつけていったのだろうか。

ＳＫホームから担当者として派遣され、半年近くともに仕事仲間になったＳさんに聞いてみた。

「由利さんとの出会いはどうでしたか？」

「今まで出会ったことのないような建築士でしたよ」

建築士に設計のことで疑問をぶつけたり、意見を言ったりできるとは今まで考えもしなかった、という。建築士は別の世界の人間だと思ってきた、ということでもあろうか。山形で生まれ、工業高校を出て以来ずっと建築関係の仕事を三〇年以上続けてきたＳさんの言葉である。Ｓさんはだからとても仕事がしやすかったと言いたかったのだろうか。反対に調子が狂ってしまったということだったのだろうか。

佐藤棟梁から聞いた不思議な話が思い出される。

佐藤棟梁に会いに〈興建ハウジング〉の本社を訪ねていったとき、たまたまそこにあった設計図を手に取って「相当大きな公共の建物なんだけど、施工を請け負った知り合いの工務店の担当者が来てね、この設計図で建てろ、って渡されたんだけど、どうしてもここはこれでは建てられない、棟梁見てくんないか」と持ってきたものだ、と見せてくれた。

「難しい設計図ではあったが、ここに柱を一本付け加えると、大丈夫建てられるよ、と教えてやっても、自信がないのか、棟梁頼むよ」の一点張りだったとのこと。

素人としては設計図を描いた建築士にこれでは建てられないので、少し変更してくれ、と言えばいいのに、と思うが、建築士に対して異をとなえるようなことはできないのだろうか。大手の建築会社に所属する建築士は会社の業務の一つとして設計図を描いた、それで建築士の仕事は終わった、後は現場がそれにしたがって仕事をすればいい、となるとしたら、虚しいとは思わないのだろうか？

それにしても棟梁、営業部長の白鳥さん、由利さんの反応は驚くほど冷静だ。そういうことはよくあることで、いちいち言挙《ことあ》げしていてはやっていけないということであろうか。結局、棟梁が引き受けてその建物は難なく完成し、建築請負責任者に感謝されたと聞いているが、なんとも不可解な話だった。

しかしこの話は、長女が復興事業の支援の場で出会った建築士に持った違和感に通じるものだった。ほとんどの建築士が現場で働く棟梁のような人たちを、ごく当たり前のこととして〝下請け〟という言葉で切り捨てていたというのだ。

それに、こども園が完成したら、それで建築士の仕事はすべて終了と思っているのか、設計図を描いた建築士がその後開園式にも姿を見せないのも信じられない思いがあったようだった。

Sさんは現場で仕事していて一番の悩みは施主さんの理不尽なクレームが多いことだが、それが今回の仕事では一切なかったことはありがたかったですよ、と言った。クレーマーが多い、と指摘する建築家は他のところでもいた。

住宅に少しでも、隙間が出たり、ひびが入ったりすると、すぐクレームをつける施主が多い。こういうクレーマーに対処するために工務店側も絶対に隙間、ひびの入らない建築にしようと無垢の木は避け、含水率管理など、大量生産の規格品として完成度が高い集成材や輸入建築材を使うようになるのだという。

今の建築基準法だと、設計したときに丈夫であればよいことになっていて、五〇年、一〇〇年後の劣化は評価していないからだ、と指摘する専門家もいる。木造建築では、常に修復、メンテナンスが必要だ、という修復の文化、習慣が失われてしまったことを嘆く識者もいる。

「今の人たちにとって家は住宅展示場でモデル住宅を見て、その中から色やデザインで選んで買うものだと思っているからね。既製服を買うような感覚で家を買う、といったら、比較にならないよ、といわれるかもしれないけど、家が完成するまでの施主の物語はほとんどの場合、資金計画だけになっているでしょう」

施主と販売に関わる人間の間に信頼感が芽生えていないことがクレームにつながらないだろうかという気もする。私たち（私も娘も）には建築士と現場を担当する棟梁はじめ〈興建ハウジング〉という会社への信頼があったので、どうかなあ、と思うところが多少はあっても、大筋は任せてお

建築士がつくったやかまし村の模型

村のように路地でつなぐやかまし村の園舎

やかまし村の園庭に生まれた小さな山

園庭の小さな山の傍らに切り株がたくさんやってきた

けば大丈夫と思う安心感があったし、ちょっとした疑問はすぐに口にできたから、クレームにはならなかったように思う。建物が完成した後も、「やかまし村」はまだまだ発展途上ですよと設計者の由利さんはしばしば訪れている。私は由利さんのフェイスブックから「やかまし村」が日々進化している様子を見せてもらっている。

由利さんは建築士として変わり者なのか

由利さんは福島県郡山市に一九六九（昭和四四）年に生まれた。東北工業大学建築学科を卒業して仙台市内にある「みちのく設計」に就職、七年間働いた後独立。二〇〇一年「由利設計工房」設立。今に至る。大まかな履歴を記すとこうなる。

先述したSKホームのSさんの、今まで出会ったことのない建築士という感想について由利さんの意見を聞くと、

「建築士というのは窓口だと思っているんですよ。顧客からの要望をはじめに聞く窓口、現場の声をまず聞く窓口、それが建築士ではないか、という具合にね。そこがSさんが今まで出会ったという建築士と違うところなのかもしれないですね」

「由利さんのような建築士はめったにいないっていうこと？」

「初めての職場、みちのく設計には六人の建築士がいて、公共建築物から集合住宅、個人住宅まで

幅広く手がけている会社だったんですけどね。ボスの下で図面を引いたり、描き直したり、現場監督さんと話をしたりしながら仕事を進めていくだけで、素材を生産する人や現場の職人さんとの接点はなかったんですよ。素材を選ぶときもカタログから選ぶのが普通で、それを疑問にも思わずやってきたんだけど、次第に何かが違う、このままでいっていいのかという思いがだんだん募っていったんだと思いますよ」

そして、とうとう七年目に先の見通しもないまま退職してしまった、という。

「考えてみると結婚した直後だったんですよ」

「え〜っ、なんということ、奥さんはなんて？」

「一応は話して辞めたんですけどね、彼女、何にも言わなかったですよ」

会社勤めには向いていない人だと思っていたのだろうか。

半年は失業保険で暮らすことにして、栗駒や登米、津山など気仙地方の林業の現場を訪ね、植林や間伐、下草刈りのような作業に参加して、実際に木が植えられている山の様子を見たり、山で伐った木がどれくらい重いのかとか、今までの生活では想像もできなかった貴重な体験をした。

由利さんの話を聞いて、建築を学ぶ学生は、大学時代にそういう実習体験をすることはないのだろうか。カリキュラムに組み込まれていないのだろうか、という素朴な疑問が浮かぶ。

長年建築家を育ててきた建築学科の教師が生まれて初めて樹齢五〇年というスギの木を切り倒すという体験をしたときに湧き起こった感情について書いていた。V字に切れ目を入れてもらったのちに自分の手で幹にチェーンソーを入れる、あるところで木は倒れていく。その瞬間に木のいのちを絶つ、という気持ちが湧いてきた。申し訳ないという気持ちと感謝の気持ちは、今までにないものだった、このときから木に対する接し方が少し変わったように思う、と。

現役を引退した後の体験だったようにも思われるので、大学で教えている間は木の育つ場所が建築を学ぶ学生にとって重要な教育現場の一つと考えることはなかったのかもしれない。

木に触れる機会がないままに建築を学んで、木がいのちある生きものだと思えないままに卒業し、木造住宅を扱う現場に行っても木を工業製品としてしかとらえられないのは当たり前である。

由利さんの場合は建築の現場と切り離された形で、机の上だけで設計図を描くことに疑問を感じて、建築現場のみならず、木材になるまでの木の育つ山の姿や伐採の現場などを自ら望んでわざわざ体験して歩いたが、建築家養成の教育の中で体験できるようなカリキュラムがあれば、建築の現場がもっと風通しのいいものになっていたように思う。

由利さんは、会社を辞めて半年過ぎてからだろうか。「異業種交流会」にも顔を出すようになった。建築士仲間だけではなくいろんな仕事をしている人たちと親しく付き合うことで、建築士だけの狭い世界に閉じこもりたくなかった、あるいは世間が狭くなる、と思ってのことだったろうか。

長女の家を建てているときに、由利さんの建築関係ではなさそうだけど親密らしい友人が何回か見学に見えていた。聞けば「おやじの会」の仲間だという。相当活発に活動している風に見える。

我が子どもたちが小中学校に在学していた頃はＰＴＡの活動も盛んで、夏休みにはＰＴＡで子ども会単位のキャンプなどを活発に行なっていた。そうした活動に父親として協力してくれる人がいるとどんなに助かったか、とその頃のことを思い出す。そのしばらく後からだったように思う。あちこちのPTAで「おやじの会」が生まれた、という話を聞くようになった。世の中少しは変わってきたのかな、と思えるようになっていた。だから、中学生の一人息子がいるという由利さんの父親としての顔が見えて、面白いなあ、と興味津々で眺めることになった。でも、その活動はおやじとしてのくくりからは相当にはみ出しているようでもあった。

消防団にも入っていると聞いたときは驚いて、思わず聞いた。

「三・一一があったから?」

「その前からなんです。妻の弟が団員でしてね、入りたい、と言ったらすぐ入れたんですよ」

東日本大震災で消防団員の強い責任感とそれにともなう殉職の多さに触れているので、相当の覚悟がいる仕事のように思っていたが、由利さんはごく自然の流れで団員になったように話す。

高度成長の時代に山村での暮らしを追われて、街に降りてきた人々はかつての森の暮らしでは当たり前だった畑仕事をしながら、大工や左官の仕事もする、狩猟にも行く、ふんだんにある木々を使って家具やしゃもじなどもつくるという生き方を捨てざるをえなくなった。森や田で培った暮らしの知恵など顧みられることなく何の取り柄もない人のような扱いをうけるようになり、大きな企業に就職することが何より幸せな生き方だという風に思い込まされるようになって、半世紀以上過ぎた。ほんとうにそれでいいのだろうかと思い始めている若い人たちもまた出てくるようになってきた。そういう若者たちの変化の流れと由利さんを重ね合わせても見る。

「何のめども立たないうちに事務所を辞めて、自分の工房を持ったので、最初のうちはもとの事務所の同僚から仕事を回してもらったりしていたけど、なんとなく口伝えで仕事が少しずつ来るようになって、今がある、ということでしょうかね」

と由利さんは落ち着いた雰囲気で話す。

由利さんは何の苦労もなかった、という風に澄ました顔で言うが、事務所を辞めて、多様な職種の職人や異業種の人々との付き合いから、自分が何にこだわって事務所を辞めることになったのか、少しずつ明確な形になってきていたのではないか、とも想像する。

「日本昔ばなし」の世界でこども園をつくる

SKホームのSさんがふともらした、

「今度の『やかまし村』の仕事は僕には『日本昔ばなし』の世界でしたよ」

という言葉を思い出す。そのときは思いがけない言葉が急に飛び出したことに一瞬驚いたものの、だんだん〝言い得て妙〟なるかな、と感心し、繰り返し思い起こすことの多い言葉になった。Sさんにとっては今までとは全く違う物差しで考え、仕事をする人たちに出会った、もっというと、利益と効率を度外視して働いている人々の集団に見えた、ということかもしれない。こんな仕事をしていてこの競争社会を生き抜いていけるのかと危惧する気持ちもあったかもしれない。〈興建ハウジング〉は小さくとも十数人の大工を抱えた企業体だから、社長である佐藤棟梁は働く人たちの暮らしが成り立つように会社の利益をあげるように努めているはずだ。しかし、やかまし村建設では短い工期にもかかわらずすべての木材をプレカットではなく手刻みですると棟梁は宣言し、完成させるという離れ業をやってのけた。

Sさんから見ると狂気の沙汰に見えたのかもしれない。入札の時期の設定そのものがプレカットによる施工を想定して組み立てられている現在にあって、手刻みでやるということには無理があるように思われる。それをあえて実行した棟梁は労働時間など度外視してどれほどの時間を墨付けと手刻みに費やしたのだろうかと胸が痛んだ一方で、職人としての矜持《きょうじ》だったのではないか、とも考えた。

「全国一律の素材で、どこに行っても同じような家が並んでいるのは不自然ですよね。その土地の気候風土に合った建物を造るには、その土地の気候を分かっている地元の職人さんが、その土地の素材で造るのが一番自然なんじゃないですか」

と現実はすこぶる困難なことを由利さんはさらっと言う。

食に関しては「地産地消」という言葉が相当に普及してきたように思っているが、住宅に関してはまだまだ人々の意識に浸透していないように思う。建築材としてはプレカット材の完成度が高いとはいえ、輸入材が使われていることを知ってもあまり抵抗感を持たない人が多数に思える。むしろ外材に高級感を感ずる人の方がまだまだ多いのではないか、とすら感じる。

でもやはり住む人にとっても一番いいのはやはりその地域にある素材だと思う。由利さんは木材はもちろん石にもこだわって地元産のものを使うようにしているのが伝わってくる。庭に石というと、日本庭園を思い起こすかもしれないがそうではなくて、土留めにする石のことで、「稲井石」とか「秋保石」のような地域産の石にこだわって使われている。近くにあっても、そういう石があることすら知らないのが私たち普通の消費者で、新しい発見だった。

建築士の図面よりいいものが出来る棟梁の仕事

「普通は建築士の設計を基に、複数の工務店から見積もりを取って、安いところにお願いするものなんだが、これにも違和感があって、僕の事務所では、家を建てたいというお客さんが来られたら、図面をつくる前に、この方にはどの棟梁が合うかな、どの工務店が合うかなというのをイメージして、これだったらあの棟梁かなと、工務店にお願いするんですよ」

長女のときは気仙大工の佐藤棟梁のところにお願いすると決めたのは双方を見て相性がいいと思ったから、ということになったのだろうか。由利さんと棟梁が組んで仕事をするのは意外にも今回で二回目。〈興建ハウジング〉本社で最初の打ち合わせをしたときに、私が細かい打ち合わせよりも棟梁のことばかりを聞く、という的外れのことをしていたときにも、横でもっともっという風に手でけしかけていたのが由利さんだったので、あれっ、と思っていたのだが、由利さんにとっても棟梁と一緒の仕事は始まったばかりということでもあったのだ。

「加工も昔の大工さんがやるように墨付けをして一本一本刻むようなことをやっていますから、僕の仕事というのは、やれる大工さんがおのずと決まってくるんです。しかも、工業製品のように決まった寸法ではなく、つくる人の手が違うと収まりが違ったり、木の扱いが違ったりする。お客さんにはそのことを話して、図面と違うものが出来るというよりは、図面よりいいものが出来ますよ、と伝えるんです」

建築を学んで、卒業後はごく当たり前に建築事務所に就職した、という由利さんはそこで抱いた違和感を自分の中で丹念に育てていって、建築家としては少数派の道を歩くことになったように見える。

そうした仕事を通して由利さん流のやり方で、次第に信頼できる職人――大工さん、植木屋さん、左官さん等々――との少数ながら深いつながりが生まれてきているから出てくる言葉ではなかろうか。

由利設計工房は設立から一七年、派手な宣伝はしないので仕事の依頼はもっぱらクチコミとインターネットということになるが、着実に、といっても由利流のペースで次第に増えていっているみたいだが、これからも一人事務所でやっていくつもりらしい。そのことについて

「スタッフを雇ったり外注してどんどん模型や図面をこなしていけば効率も売り上げも上がるんで

しょうけど、仕上がってきた模型が頼んだ通りだったら、思考がそこで停止してしまう。全部自分でやると、この壁の開口はこのぐらいの方がよさそうだと、模型をつくりながら気づくんです。それがなくなるのが怖くて、自分でお客さんと打ち合わせもするし、求めるものに対してどう応えるか、模型をつくりながら考えています」

由利さんの設計により、長女の家には一階と二階（ロフト）の間に空間がない。一階の天井がそのまま二階の床になっている。その分電気屋さんは配線に一苦労したようである。天井イコール二階の床には厚さ三センチのスギ板が使われている。

「なぜ、今は常識のようになっている一階と二階の間の空間をとっぱらってしまったのかしら？」

「あの空間はなくてもいい空間だと思ったんですよ。それなら施主さんの負担を減らしてもいいのかな、と思ったんですけどね」

「ドアは勝手口にひとつあるだけで、他はすべて引き戸になっていますね、あれはなぜ？　ドアをバタンと閉める音が嫌いな私は引き戸だったらなあ、とよく思ってたんですよ。でも今は珍しいのではないですか？」

この会話をした後で、平山憲治さんの本に明治時代、外国から来た人たちは引き違い戸のことを「スライディング・ウォール」と呼んで絶賛した、とあった。壁が動く！　多分庶民の家での出来事ではなく、大きな寺院などの立派な襖《ふすま》絵が動くのを見て、おおう！　と感極まっての発言ではないかと想像してみる。

日本中を笑いの渦に巻き込んでいたコメディアンの萩本欽一が久しぶりにNHKテレビに出演していた。朝のスタジオに茶の間をしつらえていろんな仕草をしてみせるシーンがあった。
「これは襖だからできる仕草なの。ドアではできない。やっぱり襖はいいねえ」
と呟くように言う場面があり、通常ならば見過ごす場面だったが、スライディング・ウォールという言葉を知ってすぐあとだったので、アッと思った。私たちはいつの間に襖が減ってドアの多い家に住むようになったのだろう。それに伴って家族の関係も気づかないうちに変わっていった面があるかもしれない、日常の暮らしの変化とはそういう目に見えないものの積み重ねで成り立っているような気がしてくる。

シェアオフィスという言葉をよく耳にするようになった昨今だが、由利さんも一軒家を五人でシェアして「ソーダ」と名付けて事務所にしているという。仙台市郊外にあるその家は、敷地も広く、畑で野菜を育てたりもできる恵まれた環境にあるようだ。建築士やデザイナーなどフリーで仕事をしている知り合いが自然の成り行きでいつの間にか集まって一軒家をシェアすることになったのだ、と由利さんらしい言い方をする。ほどよい距離感を持ちながら仕事をしているが、同じ空間で仕事をしていると、お互いの仕事仲間と触れ合う機会も多く、それがまた自分の仕事への刺激になったりすることが多いという。

シェアオフィスを始めるとき、フリーランスの仕事人ばかりのオフィスではネクタイをしないでラフな格好をしている場合が多いので、地域の人たちに変な人たちと思われないで、親しみを持ってもらおうと、事務所開設にあたって地域で持てあまされている竹林の竹を伐って流しそうめんを地域の人たちと一緒に楽しむ、といったことを試みている。

そのほかにも、ミツバチを飼って、蜂蜜をつくる体験や近くの道を歩きながら食べられる野草（雑草といわれている）を見つけてきて、味見するという面白い体験もしているようだ。

ずいぶん前のことになるが、住んでいた山里の村が集落ごと挙家離村して仙台の街中に住むようになった母親が八百屋に行かなくてもこのあたりの道端には食べられる草がいっぱいあるねえ、と民俗研究家の息子に教えてくれたという話を思い出した。原初の人々が食べられる草を探して原野をさまよった様子が思い浮かんでくる。野菜は八百屋どころか調理済みの野菜サラダをコンビニやスーパーで買うものという固定観念をくつがえしてくれる、楽しい話だった。

ソーダは地域に開かれた事務所なんだなあ、こういう場が近くにあったら、楽しいだろうなあ、と思ってしまうところだった。

由利さんは母校の大学や専門学校、市民センターなどの授業やワークショップにも要請があれば、可能な限り引き受けて、学生や子どもたち、大人も含めて、手足を使って考える機会をつくろうとしているように見える。講師がしゃべって終わりというだけでは実になる知識は得られないと思うからにちがいない。由利さんの提案で生まれたみどりの森幼稚園を舞台にしたプロジェクトにもそれはうかがえる。

園児がつくる　ちいさなちいさなおうち

みどりの森幼稚園では田んぼを借りてお米づくりをしている。理想的な田んぼをお借りすることはなかなか大変で毎年のように違った田んぼになっているようだが、あるとき、訪れた農家の土壁に興味を持った園児がいたので、子どもたちの関心を広げようと思って園が由利さんに相談して始めた「子どもたちと土壁のワークショップ」が発端だった。

田んぼの土を使って土壁をつくったらどうだろうというのが由利さんの提案だった。園庭にどろどろの土のプールが出来た。その中に入って土をこねまわす園児たち。

この話を聞いて私は知り合いの小学校の先生から聞いた話を思い出した。田植え体験をさせる学校は増えているが、この先生は年間をとおして稲の一生を学ばせるという本格派の先生で、その先生から、田植えを授業にすると一番喜ぶのは高学年の生徒だと聞いて、なるほどなあ、と感心したことがあった。土をこねる作業ほど子どもを夢中にさせるものはないのではないか、という気がしている。不思議な解放感があるのではないか。園庭につくられた土こね場ではしゃぐ園児の声が聞こえるような気がした。

大工さんの指導でつくった木舞の上にこねた土を手で塗っていく園児たち。土壁ができたら、やっぱり家をつくりたくなる。一坪の家のための木材を整えて園にやってきた大工さんは木材を組み合わせて釘を使わない木組みの方法で家をつくることができることを園児たちに教えてくれた。卒園

森の中に園児らが家を建てるプロジェクトでのみどりの森幼稚園の子どもたち

みどりの森幼稚園の庭にある進化し続ける木の家

みどりの森幼稚園で園児たちがつくった葦で葺いた竪穴式住居（ヒミツ基地？）

式の写真を見ると、会場のホールには園児たちのつくったちいさなおうちが鎮座していた。

このちいさなおうちは卒園式の前には小さな旅をするおうちでもあった。なぜか仙台の中心街で開かれた本の市に遊びに出かけていた。釘を一本も使わない建て方だから、解体すれば、どこへでも出かけられるおうちだということを子どもたちに見せたかった？　のかもしれない。

卒園式が終わると建具屋さんのおかげで立派な建具が入り、園庭の小屋の上にちゃっかり収まり、その上に展望デッキまでのっけているようである。

由利さんを通して大工さん、建具屋さんの心意気で出来上がったちいさなちいさなおうち。みどりの森の先生たちには建築士への信頼感をいっそう高めるイベントだったようである。

園児たちにはどんな記憶として残るだろうか。

最後にもう一つ。直近のことになるが、みどりの森幼稚園では由利さんの協力で葦を使った屋根の竪穴式住居のようなものが園庭に出現した。園児たちが何を思ったか、園庭をどんどん掘りだしたのを由利さんが目にして屋根をつけたらどう？　と提案して、知り合いの屋根葺き職人を紹介してくれたという。この屋根葺きさんは北上川の熊谷産業で一五年修業した人だった。

由利流の家づくり

平山憲治さんの『「気仙大工」概説』で「伝統木構造の会」についての記述があり、会長は増田一真氏だと知った。興味をもっていたら、地域づくり誌『かがり火』一七七号に関連記事を発見した。増田一真氏（八三歳）は我が国の建築構造の第一人者で、我が国の伝統木造建築の優秀さを情熱的に啓蒙されてきた人とある。やがて由利さんもこの会の会員だと分かってきた。

伝統木構法は日本独自に発展してきた建築技術のことで、飛鳥・奈良の時代から江戸時代までの今に残る優れた建物はすべてこの構法で建てられている。ところが在来工法とは一九五〇年に建築基準法が施行されたときにつくられた工法に過ぎないのですよ、と会長の増田氏は言われたので、在来、という言葉はまやかしだったのか、と呆然とした。佐藤棟梁の言う昔ながらの構法と、林業白書などで繰り返し使われる在来工法という言葉が同じものと受け止めて、言ったり書いたりしていたのに……。

戦後焼け野原になった我が国にあって一日も早く大量の住宅をつくることが喫緊の課題になっていたなかで生み出された工法だったという。

当時法律をつくった人たちが明治以来の欧米崇拝の建築界の流れの中で欧米の建築家による日本建築の脆弱さの指摘をそのまま受け入れていたため、今まで日本の建築を支え続けてきた大工の技が視野の外にはじき出されてしまったといえようか。建築基準法に適合していなければ住宅金融公庫の融資も受けられない仕組みまでつくってしまっていた。

建築基準法の基準に適合していることが、家を建てる場合の一番の要だと思い込んでいる（思い込まされている、と言ってもいいのかな）私たち消費者は、一生に一度の大きな買い物をローンに頼ってでしかできないので、金融機関の融資を受けるためにあっさりその何たるかを知らないままに伝統構法で家を建てることをあきらめてしまったということが今になってようやく分かったのである。

日本の山で育った無垢の木を使うこと、柱と梁を組み合わせてつくること、地元で手に入る木、竹、わら、土、といった天然素材を用いて職人がつくること、を基本にする。壁は単なる間仕切りで、柱と柱の間に斜めの筋交いを入れることはない。壁には竹で木舞を掻《か》き、土塗り壁や漆喰を施すのが伝統木構法だという。伝統木構法は木の柱と梁の組み合わせで耐力を生み出すのに、在来工法では柱と柱の間に斜めの筋交いを多用して耐力壁をつくり、金物で接合する、という説明もあった。

建物の土台のつくり方でいえば石場建てとコンクリート基礎の違い、壁では、ボードやパネルを使うのと、木舞下地の土塗り壁、や漆喰壁、または板壁の違い。金物で結合するのと継手、仕口とによる結合等々。

木の柱と梁を力強く組み合わせることで耐力を生み出すとはどういうことか、と思っていると、京都の二条城を例にあげて、建物の一番奥から庭の先まで何もさえぎるものがない。柱以外にさえぎる壁が一切ないということは、建物にかかる力を柱で支えているという意味でしょう、と増田さんは言われる。

由利さんに質問した。

「現在日本では伝統木構法で建てている建物は一%未満でしょうね、と増田さんは発言していたけど、何軒くらい年間に建てられているのでしょうね」

「そうですね、かなり少ないと思いますよ。現在でも建築基準法や施主の意思や予算、工期などさまざまな条件をクリアすれば純粋な『伝統木構法』で家が建てられるんだけど、その数が少ないのはそれらの条件がなかなか揃わないからなのだと思いますよ。例えば「やかまし村」では工期がネックになったでしょう。

建築では法律で決められていることからどうしても逃れられないんですけど、実はそれを除外する基準もあるのですよ。住宅でいうとコンクリートの基礎の部分というのは、ベタ基礎なりでつくらないといけないんですが、伝統木構法にある石場建てでやる方法もあります。特殊な計算が必要だったり、構造計算のコストがかかったりするんだけど、こうすれば適用除外になりますという規定が設けられているので、既成の概念にとらわれず、こっちの方が自然だろうというつくり方をしていきたいと思っているんですよ」

付け加えて

「私が設計している建物はここでいう『在来工法』と『伝統木構法』の丁度ハイブリッドなのかもしれないですね」

と教えてくれた。

増田会長は建築構造が専門だから、構造計算も自分でできるけど、普通の建築士には大変そうに見える。工期（つまりは建築費に直結する人件費）が驚くほど短い場合が多い日本の建築界で伝統木構法に取り組むのは難しそうだ。由利さんは自身の設計を『在来工法』と『伝統構法』のハイブリッドといえるかもしれないというけれど、伝統構法をちゃんとふまえながら、それに近づける努力をしながら設計するのと、全く知らないで設計をするのでは大きな違いが出るのではないだろうか。

由利さんの設計に込める思いは伝統木構造の会の理念そのものといっていいように思えるが、建築基準法の制約や工期が取れないことなどの中での選択として、今回の「やかまし村」のケースは最善の建物を完成できたといっていいのだろう。

由利組の職人たち

一階の壁は山形市にある原田左官工業所の五代目をいずれ引き継ぐはずの原田正志さんの仕事で

ある。まだ若い職人さんだ。原田左官工業所の専門は土蔵、土壁、漆喰という。伝統的な左官の仕事を今に引き継いでいる数少ない会社であるようだ。

由利さんに聞いてみた。

「一緒に仕事をする職人さんはどういう基準で選んでいらっしゃるのですか？」

「できるだけ後継者のいる人にやってもらうことにしているんですよ」

高校時代は建築科、大学では環境デザイン学科で学んだ後、京都の左官屋で修業したという正志さん、恵まれた環境を生かして学び、実績を積んできたかに見える五代目は、落ち着いた物腰である。

和室の壁をどんな色にしたいか聞かれたが、こういう経験は初めてなので、困った。サンプルを見ただけでは壁になったときの雰囲気を想像できない。由利さんと正志さんの解説を受けながら、色を決めていく。微妙な色合いも、塗料をさまざまに混ぜ合わせることで出来上がっていくのが分かり、こういう色合いをつくることも左官の仕事の醍醐味の一つなのだろうか、と考える。狭い四畳の和室が高価な素材など使っていないのにとても贅沢なものになった。

二階、正確にはロフトになっているから二階とはいわないのかもしれないが、階段の上の壁には和紙が貼ってあった。

「どこの和紙ですか」

仙台に藩政時代から続く柳生和紙が現在はただ一軒だけが伝統を守って細々と和紙を漉《す》いている

状況だが、由利さんからその和紙工房を訪ねたことを聞いていたので、柳生和紙の話になるのかな、と思っていたら、

「土佐和紙なんですよ。和紙というと、手漉きを思い浮かべるだろうけど、これは機械漉きの土佐和紙壁紙を貼ったものなんですよ」

「機械で和紙を？　しかも壁紙用に！　そういうものがすでに出来ているなんて！」

信じられない気持ちだったが、ネットで見てくれると詳しく分かりますよ、という由利さんの言葉に、検索してみた。

土佐和紙の歴史は古く、一〇〇〇年以上の歴史があり、現在でも全国シェア五〇～五五％はあるものの、需要は減りつづけ、県内でも手漉き工場は数えるほどになっている。本来は手漉きのものだった和紙だが、「土佐の伝統産業を守る」という一念から高知大学農学部と高知県立紙産業技術センターなどが中心になり研究・開発を進めた結果、近年、「機械漉き」の「土佐和紙壁紙」が開発された、とあった。

土佐和紙の伝統技術を受け継ぎながら、壁紙のようにロール巻きした製品で、コウゾ、ミツマタなどの植物繊維のみを使っているので、調湿・調光・保湿・吸音のすぐれた特性を持ち、ホルムアルデヒドのような有害物質とも無縁な和紙壁紙でありながら、通常のクロス貼りの工程と大きな違いはなく「準不燃認定品」であるという。

驚きである。こういう機会がなければ知りえなかったことだ。手漉き和紙はますます貴重品になっ

ていくのだろうか。

由利組の庭師・建具師——後継者のいる職人に頼むわけ

最後にお世話になったのが庭師の鈴木仁さんだ。由利さんが連れてくる職人さんにはどこか似たような空気感が漂う。落ち着いた物腰、控えめだけど丁寧な受け答え、仕事に対する姿勢が真摯である。

鈴木さんは長女の家の外構工事と「やかまし村」の庭を掛け持ちしている。

長女の家は南西の角地にあるので、地域の人たちの目に触れやすい。鈴木さんの働きぶりにまず驚きの声を聞かせてくれたのは斜め向かいにお住まいのIさんだった。大手企業で定年まで働いてきた方だった。

「会社で働いていた間中、いつも効率という言葉が念頭から消えることはなかったですよ。ところがお宅の庭師さんの仕事ぶりには効率という文字は全くないんですよね。石を並べるのに、丁寧に時間をかけて一つひとつ嵌《は》めていたのにはびっくりだったなあ」

ちょうど泊まりがけで出かけていた留守の間のことで私は残念ながら見ていないが、ただコンクリートを流すだけではない遊び心のあるガレージをつくろうとしていていた過程の出来事のようだった。

ガレージのまわりに「野の花パット」というキットを利用して、たくさんの種類の野草を植えてくれていた。この作業もきめ細かい作業をともなうものだったと思う。

Iさんには感嘆とともに、こんな風なやり方でこの競争社会を生きていけるのかという懸念もあったように思えた。鈴木さんは通りがかりの人の質問にも丁寧に応えていたと見える。向かいの家の奥さんは鈴木さんの丁寧な受け答えに感心してとうとう自分の家の庭仕事をお願いしたようであった。

鈴木さんが庭師になったのは決して早いとはいえない。四〇半ばのことだ。高校を卒業してガス会社で働いた。上司に言われた通りに仕事をこなしていく、というなんでもない会社員生活にもすぐに慣れて、結婚もし、特に不満を感じることもなく一〇年余りが過ぎた。ところが、三〇歳を迎えた頃、部下を管理する立場になった。このあたりから鈴木さんに悩みが生まれる。段取りを決めて部下たちを差配する立場に慣れることができずストレスを抱え込むようになった。気分転換になるかとお茶（茶道）を習うことにした。知人にお茶の師匠がいたためで、夫婦揃って入門した。口数の少ない鈴木さんは多くを語ってくれないので、推測でしかないのだが、お茶の師匠はその道にかなり精通した人だったのではなかろうか。茶道にのめり込むことで仕事上のストレスを相対化できたのかもしれない。茶道についてほんの入り口しか知らない人間があれこれ言うのはおこがましいのだが、茶道から庭への興味が生まれたという鈴木さんの気持ちの推移は納得できる気がする。

庭づくりへの興味から庭師として生き直そうと決意するまでのいわば発酵時間の長さはいかにも

庭師の鈴木さんと植樹する園児たち

鈴木さんらしい。四〇歳になって会社を辞めて庭師の修業をしようと決心した。ネット検索して近いところで山形の庭師の方と連絡がついた。その人は庭師になると思うなら、やはり京都まで行くことを勧めると京都の著名な作庭家・古川三盛《みつもり》を紹介してくれた。そこでおそるおそる古川三盛師に手紙を出し、弟子入りを志願した。四〇歳という年齢で庭師を志願する、子どものいない夫婦は当然一緒に京都に行く。大工修業には遅すぎる年齢に思えるが、庭師修業にはこれからでも可能性を導き出せる年齢と判断されたのだろうか。一〇年間茶事を学んだ、という経験が師匠の心をつかんだのだろうか。入門を許されて京都で庭師修業をすることになった。

会社員だった、と聞いてデスクワークばかりを想像してしまったのは私の世間の狭さを暴露したようなものだが、ガス工事の現場はいつも戸外だったから、戸外の仕事は苦になりませんよ、ということで、庭師の仕事にも適応しやすい身体になっていたことも分かった。古川三盛師は〝来る者拒まず去る者追わず〟の人でもあったようだ。

古川三盛師は経歴を見ると、関西で多くの寺社の庭を手がけた作庭家に見える。その中には最近ではインタビュー映像で目にする機会の多い作家で僧侶の瀬戸内寂聴の寂庵の庭も含まれている。しかし、古川師が楽しんで作庭を試みているのは、普通の民家の庭ではないか、という気がする。のどかな田園風景の中にある古民家の庭を有り合わせの石や雑木でさりげなく整えたり、住む人の農作業を弟子たちとともに楽しむことも庭仕事の一つとして組み込んでしまうような作庭家らしいことも分かってきて、なぜ鈴木さんを受け入れてくれたか、何となく分かるような気がしてきた。

古川三盛夫妻は食にも思い入れが深く、奥さんは庭仕事に出かけるときには七人いた弟子一人ひとりに好みのおかずを必ず入れた弁当をつくって持たせてくれるばかりではなく、外でバーベキューをやってくれたりするので、お昼が楽しみだった。それに古川師匠のまわりにいる人たちにも食通が多く、宮城に帰ったら到底口にすることができないような高級料理をご馳走してくれることが多かった、と京都時代を懐かしむ鈴木さんだった。

弟子といっても、かつての徒弟制度のような寮住まいではなく近くにアパートを借りて住み、授業料はなく日当が支給されたという。修業という言葉から想像していたものとの違いに驚き、鈴木さんの修業期間には苦しいとか、辛いとかというものはなかったのだろうか、と気になってきた。

「師匠の言葉で何が一番心に残っている？」

問いかけると、

「ぼぅ〜と立っていると、次に何をするか、考えたか、と毎日叱られた」

庭師修業の第一歩は松葉の剪定だ。来る日も来る日も続く。それがやっと終わると、やっと庭師らしい仕事に取りかかれる。師匠は口で教えようとはしない。どこを見てた！　と叱られ、必ず次に何をするか考えたか、と弟子に言わせる、という。昔の職人は見て覚えろ、と決して口で教えようとしなかった、とよく言われるが、古川師匠は弟子から言葉を引き出すまで考えさせたようだ。

三年間の修業を終わって宮城に帰ってきたばかりで、宮城での仕事を始めたばかりの初々しさのまま、私たちは出会ったということだったのだろうか。

先日、長女が家の戸の開《あ》け閉《た》てが調子悪いと連絡したらしく、建具屋の那須野さんが息子さんを連れて見に来てくれた。考えると建具屋さんは自宅の作業場で仕事をし、完成品を納めに来るだけなので、一度も会う機会がなかったことになる。一時間かけて、このためにだけ来てくれたみたいで恐縮したが、丁寧に時間をかけてすべての戸を点検、調整してから、「木だから、温度、湿度の変化に敏感なんですよ。ちょっとでも不具合があったら遠慮しないですぐに連絡して下さいよ」と言いおいて帰っていった。そんな、ちょっとしたことでなんて悪くて連絡できませんよ、と思ってしまったが、自分の仕事に誇りを持っていることをうかがわせる様子が伝わってきて、息子に親の仕事ぶりを背中で見せている職人とはこういう人をいうのだろうと、できるだけ跡継ぎのいる職人さんと組みたいのですよ、というのは由利さんらしい選択だと感心した。

佐藤棟梁には大工修業をして後を継いでくれる双子の息子さんがいる。その一人修也さんは「やかまし村」の現場に親方として入り、全体を取り仕切っていたし、もう一人の純也さんは陸前高田での〈興建ハウジング〉の仕事を任せられていた。由利さんの仕事仲間を選ぶ基準に〈興建ハウジング〉はぴったり合っているではないか、棟梁の後を追いかけるだけで精いっぱいだった私は、やっと今になって気づいた始末である。

こども園「やかまし村」を育てる由利さん、園児といっしょに庭づくりをする庭師

先日、久しぶりに「やかまし村」を訪れる機会があった。あった、というよりつくった、という方が正しいと思う。庭師の鈴木さんの仕事ぶりを見ながら、由利さんにお話を聞きたいと思って、子どもたちと一緒に給食を頂くことにしたのだった。

園のゲートを入るとそびえ立つひとむれのスギを背景に、園庭を中心にまわりを五棟の園舎がぐるっと取り囲んでいるのが一望できる。五〇～六〇年生と思われるスギは地主さんの家の居久根（屋敷林）で園を北風から守っているように見える。幼子たちの目にこのスギはどんな風に映っているだろうか。スギの大木を背景にやがては庭に植えた木々が茂り、木材がふんだんに使われた園舎の中で一日の大半を過ごす園児たちは〝森のようちえん〟で遊ぶ園児のようでもある。近景から遠景

まで続く風景はまさに森だった。

由利さんは「ちいさな村のような園舎」と表現しているが、平屋建ての園舎は子どもたちの家庭ということだろうか。生まれてまもない子どもたちが小学校に入学するまでの六年間を過ごす場所だから、できるだけ家庭のような雰囲気を持った園舎にしたと由利さんは言う。

園児の部屋にはそれぞれ木の名前がついている。まだ地主さんの庭だった頃に、歩き回って生えていた木を見て、園児の部屋の名前にあんず、すぐり、きいちご、こうめ、くるみ、けやきという風につけたと聞く。一歳児の部屋すぐりには棟梁が県産のスギを使ってかわいいイスとテーブルをいくつもつくってさりげなく置いてくれていた。

園庭には庭師の鈴木さんの手で木が植えられ、トンネルのある小さな山が築かれ、まわりに木立や材木の柱が立てられている。お山の大将よろしく山に登って遊んでいる子どもの姿があり、一人前に子ども用スコップを持って、鈴木さんの庭づくりのお手伝いをしている子どもたちの姿も見えた。手伝いたくてうずうずしている子どもたちを邪魔にしないで、うまく引き込んでいる様子だ。

ここでも由利さんは子どもたちが庭師さんと庭づくりを楽しむ体験を小さい体に刻み付けようと意図したのではないか、という気すらした。子どもたちの表情が実に楽しそうに見えたからだ。

既設のみどりの森幼稚園が食にこだわった実践をしていることは、実践記録から知っていたので、幼保連携認定こども園になって「やかまし村」ではどんな給食風景が見られるのだろう、と興味があった。

やかまし食堂の開始の合図は赤いのれんがかかること。ホールが食堂に早がわり

ある日のやかまし食堂のご飯

お昼ごはんの時間になると、大ホールの入り口に「やかまし食堂」と白地で染め抜かれた赤いのれんが下がる。いつもはたたまれているちゃぶ台が広げられ、子どもたちの食卓になる仕組みである。子どもたちの中には鈴木さんに憧れて庭師さんになりたい！　と言っている子どももいるらしい。どこに座るか、だれと座るかも全く自由のようで鈴木さんのそばにそんな子どもがちゃっかり集まってくる。席を取ると、めいめいが自分でごはんとおかず、みそ汁を好みの器に好みの量だけ取って席に戻っていただく。器はほとんどが小鹿田焼《おんたやき》の陶器だ。園長の好みが多分に反映された器だっただけに、気になって先生の一人に

「重くて大変じゃないですか？」

と聞いてみた。

「重さは問題じゃないんですが、最初はずいぶん割れたんですよ。でも最近は割れるってことはなくなっていますね」

食器が割れる、ということで思い出したのは「やかまし村」の各棟の入り口の三和土《たたき》には子どもたちがかつて割った食器の破片が埋め込まれていて面白い景色をつくっていたことだ。原田左官さんの仕事である。

隣に座ってくれた女の子はしらすが炊き込んであるごはんを、ごはん大好きといって、一番大きな器にたっぷり盛ってきた上、おかわりもしていたのにはびっくりしたが、豆のたっぷり入った煮物と豆腐となめこのみそ汁はちょっぴりしか入っていなかった。その隣の子はごはんは少し、おか

ずはたっぷり、という具合で、子どもたちの好みを重んじる園の姿勢を垣間見る。楽しく食事してほしいから、嫌いなものを無理やり食べさせようとはしない、というのが園の方針のようである。付け加えると、食材はすべて吟味しているものばかりと聞いている。

一番大きい園児たちのグループ一五人は二キロほど歩いたところにある長命館公園まで出かけて戸外でお昼ごはんを食べているそうで、同じ給食を後発の先生たちが届けて一緒に食事をしているという。往復四キロとは子どもたちの足で大したものだと感心した。

子どもを森の中へ

仙台市郊外にある「やかまし村」はまだまだ田園風景の広がる緑に恵まれた地域だ。始まったばかりだが、庭師の鈴木さんと一緒に庭づくりに参加している気分になっている子どもたちを見ていると、やがて植えた木々との楽しい日々が始まっていくんだろうなと胸がはずむ。棟梁の右腕、白鳥さんに案内されて化学物質を使わない製材所「くりこまくんえん」や「丸平木材」を一緒に見学した「やかまし村」の先生たちは大きな袋に木切れをいっぱい詰めて帰っていった。既成のおもちゃとは一味違った遊び方が生まれていることだろう。

「学校を森にする」という呼びかけで始まった、学校を木造で建てようという取り組みが広がっているようである。学校建築は木造では建ててはいけないという時代から考えると何という変化だろ

居久根を背景に日々成長する　やかまし村の園庭

うと驚くばかりだが、その流れの中で、「やかまし村」の伝統構法による木造の園舎も可能になった面があるのかもしれない。

それでも「やかまし村」の場合、集成材ではなくヒノキ、スギ、マツ、クリ、ケヤキなどの無垢の木を積極的に使って子どもたちの五感に働きかけ、木のいのち、木のぬくもりに日々触れ合ってほしいと思う棟梁をはじめとする建築にかかわったすべての人の願いがこもって誕生した園舎であることは確かなことなのだった。

《コラム》

「やかまし村」の設計にあたって

由利設計工房　代表　由利　収

初めての職場である建築事務所を辞めてから、由利設計工房を立ち上げるまで、その後もしばらくの間は時間があったので、山で下草刈りの体験をしたり、紙や石の産地を訪れて職人さんの話を聞いたり、大工さんや左官屋さんのところへ行って仕事を見せてもらったりしていました。もともと自然素材に興味があったので、自分でも手を動かしてみようと思い、左官屋さんにご指導いただきながら仲間たちと土壁塗りのワークショップなどをやったりもしていました。

そんな折に当時、知り合いだったみどりの森の副園長さんから「うちの園でこどもたちと土壁を塗れないかしら」という相談をいただいて園にお邪魔したのがみどりの森幼稚園との最初の出会いだったと思います。

みどりの森のこどもたちは元気に裸足で園庭へ駆け出して行ったり、火をおこして焚火をしていたり、私の今まで持っていた幼稚園のイメージを大きく変えるものでした。園庭には樹木が生い茂り、こどもたちが土山をつくったり、土を掘って水を流し川をつくったり、本来のこどもの姿を見つけた気がして、とても心地よく感じました。

しばらくして園が新たに「認定こども園」を計画するのでプロポーザルに参加しないかと声を掛けていただき、縁あって設計者に選んでいただきました。計画が始まり、園長先生方といろんなこども園を見学に行きましたが、どれも立派で綺麗な建物なのですがどうもしっくりきませんでした。

園長から設計に際しての大きな要望というものはほとんどなく、お互いになんとなくのイメージ

ネコ車を押す由利さん

を共有していただけのようにも思えますが、私にとってみどりの森幼稚園のこどもたちの様子や園の雰囲気が最高のお手本だったのであまり迷いはありませんでした。近代的な立派な施設ではなく、ちいさなおうちがいくつか集まったような、まるでちいさな村のような佇まいこそがみどりの森幼稚園から生まれた「やかまし村」らしく思えるのでした。

建物を分棟にすると職員さんは隣の建物に行くのにいちいち靴を履き替えなければならないし、掃除も大変になります。でも園長は管理のしやすさよりもこどもたちの生活の豊かさを選んだのではないかと思います。木や紙や石の自然素材で出来た建物は外と中をゆるやかにつなぎ、光や風を呼び込み、時間と共にそしてこどもたちと共に成長してゆくことになるでしょう。

《コラム》

「やかまし村」建設にあたって
建築士にお願いしたこと

学校法人　みどり学園　幼保連携認定こども園
みどりの森・やかまし村 園長
小島《おじま》　芳《かおり》

東日本大震災の直後は、被災した宮城県内の幼稚園、保育所の復興支援グループ「みやぎ・わらすっこプロジェクト」で、全壊した幼稚園の再建のお手伝いをしていました。津波で園舎のすべてを失った園の担当者は津波に強いと思われる「鉄筋コンクリートづくりの建物」を希望していました。そのため、以前からの知り合いだった由利さんにも参加してもらっていた設計のプロポーザルでは、木造建築を想定した由利さんの設計は採用されませんでした。

しかしそのとき由利さんの設計図を見て、由利さんの「子どもの施設」への思いに、我が園の教育理念と共通するものを感じ取り、本園である認定こども園「みどりの森」（仙台市青葉区柏木）に新たに加える「やかまし村」（仙台市泉区野村）を建設するにあたって、ぜひ、由利さんにも園のプロポーザルに参加してほしいと思いました。

由利さんは「職人さんの手仕事を残せる設計をしたい」とのつよい思いを持つ建築士であり、それは佐藤洋二気仙大工棟梁の〈興建ハウジング〉に建設をお願いするという形で現れています。

審査の結果設計をお願いすることとなり、それ以降、何度も園を見に来て、園の先生たちの話を聞き、子どもたちの生活もしっかりと分かったうえで設計図を書いてくれていますから、由利さんにはすべてをお任せしても大丈夫だという信頼感が生まれたのだと思います。具体的なお願いは四歳児と五歳児の部屋には台所をつくってほしい、給食室とホールはくっつけてほしい、四歳児と五歳児の部屋には水屋簞笥《みずやたんす》を置きたい、というくらいだったように思います。

三、四、五歳児の保育室にはそれぞれ玄関をもうけ、子どもたちが自分のおうちに帰ってくる——そんな園舎にしたい。この由利さんの思いから「やかまし村」の園名が導きだされたわけですが、今では最初に名前があって、園舎が建築されたのではと思うほどにこの名前がしっくりきています。そう思うと由利さんとの出会いからすでに「やかまし村」の今ある生活は決まっていたのだなと思うのでした。

4

森の木が家になるまでの長い旅

棟梁の右腕

白鳥栄悦さんについては本章までにも少し触れているが、お付き合いが深まるにつれ、この人は〈興建ハウジング〉の仕事を、単に食い扶持を稼ぐための仕事にして終わらせていない人なんだなあ、と思う機会が増えた。そのうち〈興建ハウジング〉社員歴はそんなに長くないことも分かってきた。今までどんな生き方をしてきた人なんだろうか。

棟梁より五歳若い。一九五三(昭和二八)年、宮城県志波姫町(現・栗原市)に生まれた。一九七〇～七四年頃に、東京で大学生活を送る。キャンパスの雰囲気はどんな感じだったのだろうか。

卒業後、故郷に戻り、就職するものの、思うような仕事に恵まれず転々とすることになった。キノコを栽培・販売する会社の研究所に派遣されたとき、研究員から「科学する心」の大切さを教えられ、はじめて仕事の面白さを知った。ところがその会社は白鳥さんに「科学する心」という貴重な遺産を残して倒産してしまった。

次に出会ったのが今の〈興建ハウジング〉に、やがてつながっていく、山の木を扱うN材木店だった。

ここまで来て、私の方から気になっていたことを問いかけた。

「栗原市にある『栗駒木材』という会社のことを雑誌記事で教えられて、ずっと気にかかっていたんだけど、知ってる?」

同じ宮城県の県北なら、もしかして知っているかもしれないと思ったのだ。

「知ってるどころじゃなく、僕の元の職場ですよ」

弾む声が返ってきたので、びっくりした。何という偶然だろう。「栗駒木材」について「日本の山を再生させる栗駒木材の試み」というタイトルで書かれた記事を地域づくり誌『かがり火』で見つけて、同じ県内にある木材会社ということで興味を持っていた。『かがり火』は編集人と発行人と読者の志が紙面に溢れている希少で貴重な雑誌だが、それだけに読者の数は多いとはいえないので、紹介しておきたい。

林業の衰退から地方の過疎化が始まったとの思いを貫く『かがり火』には、林業に真っ向から向かい合っている人たちが何回か、登場しているが、その一つが「栗駒木材」だった。

父親が一九六三年に設立した木材会社・山武を一九九五（平成七）年に引き継いだという大場隆博さんがキーパーソンとして登場する。山武は外材輸入が本格的になり始めた時代にあって、栗駒山地の森林から材を伐り出し、製品にして自ら販売していた会社だった。すでに国産材の販売は苦戦を強いられていた頃だ。後継者になるには相当の覚悟がいっただろう。

大場さんの父親は地元の製材業者と共同出資して「くりこま杉協同組合」を一九九〇（平成二）年に設立して、輸入材に規模で対抗しようという努力を続けていた人だった。白鳥さんは、初代理事長が大場さんの父親で二代目理事長がN材木店の社長という関係からN材木店の社員として「くりこま杉協同組合」に派遣された。ここではじめて大場さんに出会い、大きな影響を受けることになる。やがて、「くりこま杉協同組合」から、栗駒木材に入る。栗駒木材は伐採から加工、販売までの一貫生産のシステムを当然のこととして山武から引き継いでいる。

一般的な材木の流通がどうなっているのか、を知らない私のような素人は一貫生産のシステムがどんなに優れたシステムであるか、すぐには理解できない。説明が必要だ。

一般的な形は、森林組合や素材業者（素材＝丸太）が山の所有者から委託を受けたり、買ったりして立木を伐採する　↓　伐採された丸太は原木（木材）市場に搬入され、セリによって売買される　↓　製材業者に買われ、用途別に木材製品に加工される　↓　製品市場で取引され、材木問屋や工務店に買われる　という複雑な流通過程を通る。

工務店にいたるまでに仲介する業者が増えるほど、手数料によって木材の価格が上昇し、時間がかかるだろうことは素人でも簡単に想像できる。植林した木を育て、木材として販売できるまでにかかる人件費と年月を補うだけの価格で木材が売れれば、林業の再生産は成り立つはずなのだが、出荷すればするだけ赤字になるような山元価格だったら、跡継ぎの暮らしは成り立たないから、里に出て行かざるを得なくなるのは必然だ。

栗駒木材では、立木を伐って、トラックで運び出し、皮をむいて製材し、構造材、外壁材、床材など用途別に加工し、燻煙乾燥を施したあと販売する「山武」の企業理念を引き継いですべてを一社でやる方向をさらに推し進めることになった。その過程で出てくる端材はチップにして製紙メーカーに、おがくずはペレットとして燃料にしているので、捨てるところはなくなった。時代の要請にいち早く応えて、すべてを利用する循環型の工場につくり替えたわけである。

立木の伐採も栗駒木材では皆伐しない。広い面積を一気に伐採するのは、効率よく見える。しかし、その後に植栽して再び森をつくるには時間がかかる。手間がかかっても一本一本選んで伐採することで、山の力を保持できる。そうすることで施主さんと一緒に設計図を持って山に入り、立木の選定や玉切り（伐り倒した立木を用途別に最適の長さに切ること）のサイズを決めることもできる。場合によっては、施主さんに自らチェーンソーで大黒柱になる木を伐ってもらうという。山に入れない場合でも、乾燥中の材木や土場に置いてある材木を見て選んでもらうようにしている。

白鳥さんも栗駒木材にいたときは、施主さんと一緒に山に入っていたようだった。大場さんの理念に共鳴して、国産材を使って山を守ろうとする建築家や工務店が栗駒木材から木材を買い入れ、支え続けてくれるようにもなっていた。

その一人が建築士の相根昭典さんで、白鳥さんは大場さんとともに大きな影響を受けた一人だという。社団法人「天然住宅」の代表理事でもあり、化学合成塗料や接着剤を徹底的に廃したエコ住宅、健康住宅の分野で知られる人である。

栗駒木材は理念としては素晴らしく、この通り実行できれば日本の林業は持ち直せるはずだ、と思われたにもかかわらず、現実はそれにも増して厳しかったようで、事態は予測を超えて進んでいった。

大場隆博さんは宮城県大崎市鳴子温泉にＮＰＯ法人「しんりん」を設立し、約二〇年前にリゾート開発に失敗したのち、乱伐され放置された約二六〇ヘクタールの荒廃した森林を「エコラの森」と名付け、再生に取り組み始めた。一〇名足らずのスタッフは一人をのぞいて「木こり」として森に入り、春から秋口にかけては下草刈りや植林、冬場は間伐に励む。夏の炎天下での下草刈りは林地に放牧した牛に任せる。木曽馬、寒立馬の四頭の馬も敷地内に放し飼いにしていて、下草刈りと集材に一役買っているという。馬搬をしてくれる馬には、そのための調教が必要だが、岩手県遠野にその技術が残っていたそうだ。

馬搬のことを耳にする機会が増えたように思っている。搬出時に他の木を傷めない、林道による水害被害の拡大防止になるなどのメリットがあり、馬と一緒に森づくりに取り組めるということもとても魅力的だ。

化学物質フリーの安全な木材を供給したい

大場さんの木材一貫生産システムに大きな影響を受けた白鳥さんだったが、さらに白鳥さんを決定的にといえるほどに大きく変える現実にぶつかる。

栗駒木材に勤め始めた頃、製材した木材を防カビ剤のプールに浸けていく工程を木材のカビを防ぐための必要不可欠な工程として実施していた。ところがその木材を受け取った工務店の人々の間で身体の不調を訴える人が次々に出ていることを知るようになった。自分たちは手袋をはめて仕事をしていたが、その人たちは素手で木材に触れていたことも分かった。取引先の娘さんにアレルギー症状が出て、苦しんでいることも耳に入ってきた。

聞き捨てにしてはおけないことと思い、模索を始めた。敏感な大場さんはすでに気づいていたようで、会社にぶ厚い薬剤事典が常備してあった。借りて読み始めると驚くべきことが書いてあった。夢中で毎晩読み続けた。自分たちは何ということをしていたんだろうと体中が震える思いがしたという。

シックハウス症候群が大きな社会問題になるずっと前だったようで、私などがホルムアルデヒドという薬品名をしっかり覚えた時期にはすでに栗駒木材では減農薬に取り組んでいたことになる。一般に無垢材として売られている木材のほとんどが薬漬けの状態で売られていたということも知った。

それまでも先進的な取組みをしてきた大場さんだったが、会社で扱う木材には有害な農薬を使わない、と決め、薬の成分を調べ、減らす努力を始めた。天然住宅の田中優さんや相根さんなどとともに、やがて栗駒木材では燻煙乾燥にたどりつく。前に名前だけ紹介した「くりこまくんえん」である（現在、栗駒木材は屋号で法人名は㈱くりこまくんえん）。

この話は、つい最近まで消費者と農家を結ぶＮＰＯ法人でネオニコチノイド系農薬問題に取り組んできた私にとっても他人事とは思えなかった。

ネオニコチノイドとは新しい（ネオ）ニコチン様物質という意味だ。ニコチンといえば、タバコがすぐに連想される。ニコチンに似た作用があるに違いない。

発売とともに「弱毒性」で「害虫は殺すが人間には安全」「少量で効果が持続する」という宣伝文句にのせられて、それまでの有機リン系の農薬に代わって今、世界中を席巻しつつある農薬だ。日本でも今やほとんどの野菜や果物、家の中のゴキブリ駆除剤、住宅建材、ガーデニングの殺虫剤や森林のマツクイムシ防除剤という風に日常生活の場はネオニコチノイドで溢れかえるようになっているという。

白鳥さんは住宅建材を扱う過程でネオニコチノイドに出会ったことになる。住宅建材に使われているネオニコチノイドは木材防腐剤（土壌処理用）、木材防腐・防蟻《ぼうぎ》剤（接着剤混入用）、表面処理用（水希釈用）などと数多くある。

北米で養蜂業者の巣箱からミツバチが忽然《こつぜん》と姿を消す現象が頻発している、というニュースを見て一体何が起きているの？　と驚いていると、ヨーロッパでも同じ現象が見られ、北半球のミツバチの四分の一が失踪し、「コロニー崩壊症候群」と名付けられ、深刻な事態となっていることが分かってきた。やがてイギリス、フランスなどで、ネオニコチノイド農薬の使用中止を決めた、というニュースが入ってくるようになった。

宮城県のコメ農家がカメムシによる食害によって斑点米が生まれることを恐れて使う殺虫剤に含まれるネオニコチノイド農薬がミツバチ大量死を招き、養蜂業者を苦しめていることを知り、農家とともにネオニコを使わないコメづくりを模索しはじめていたのである。

白鳥さんの発言の節々に木材の安全性へのこだわりを感じるのは自らが加害者にもなりうるのだ、という強烈な体験に基づいていたことに気づいてきた。

柔らかいスギ材をあえて床板に使う

大場さんのNPO法人「しんりん」の理念には共感するが別のやり方で安全な木材を使って建てる家づくりができないか、と動き始めてほどなく、地域の建築家や工務店の人たちの間で何人もの人が〝困ったときの棟梁頼み〟をしているらしい棟梁の名前を耳にする機会が増えてきた。

やがていつの間にか白鳥さんもその棟梁のもとへしげしげ通うようになっていたという。〝困ったときの棟梁頼み〟の例に漏れず、どうしたらいいか分からず迷ってしまうことがどんどん増えてきたせいだ。そのうちにその棟梁から、うちの会社で働いたらどないや、と誘われた。ついに白鳥さんはその棟梁・佐藤洋二の会社〈興建ハウジング〉に入社することになった。大震災の後、二〇一五年と聞いて少し驚く。私が初めて接した白鳥さんはすっかり〈興建ハウジング〉の人になり切っていたように見えたのだった。

佐藤棟梁には長年気仙大工の棟梁として働いた経験から、その引き出しには納まりきれないほどの蓄積がしまい込まれているようで、その場に応じて引き出してみせてくれる職人としての矜持と腕にいつも畏敬の念を持ち続けている様子だ。

ずっと見つけられずにいた平山憲治さんの本を棟梁のところで見つけ、その本で「伝統木構造の会」のことを知り、棟梁の話す昔ながらの工法のことを「在来工法」といわれている工法のことだと解釈して書いてきたことの誤りに気づいたことは前に記した通りである。

用と美、用即美を発見し、教えてくれたのは柳宗悦だが、「伝統木構造の会」会長の増田一真氏は用と強が美によって統一されているのが日本建築の最も優れているところです、と強調される。デザイン重視の建築がもてはやされる世相を反映し、建ちそうもない図面を描いて現場を困惑させる建築士も少なくないといわれると、佐藤棟梁がそのために困り果てた同業者から助けを求められた話を思い出す。

伝統木構法と在来工法の違いに気づいたことを白鳥さんに話したら、やっと気づいてくれたか、という面持ちで棟梁のあるエピソードを話してくれた。

ある古民家再生の工事現場で石場建てをしようとしていたら、東京から来た建築士に

「ダメだダメだ、そんなやり方では家がすぐにぶっ倒れてしまうじゃないか、コンクリートで固めて、金物で固定しなくては!」

と止められた。棟梁が

「いや大丈夫だ、このやり方でたくさんの家を建てた。どの家もいまだにぶっ倒れていない。地震にも倒れなかった」

と何度言っても聞く耳を持たない。どちらも一歩も引かないので決着がつかなくなった。そこで

施主さんの前でお互いの思うところをそれぞれ話して判断してもらおうという建築士の提案に従うことにした。東京から来た建築士という肩書きの方に権威を感じてしまうのが地方に住む日本人の大多数だろうと思う。建築基準法という厳しい壁が前に立ちふさがってもいた。基礎はコンクリートで固められたという。

棟梁のような経験をして無念の思いで引き下がり、自分が長年培ってきた技術が認められない世の中になったと、いかに多くの大工が自信を無くしたことだろう。

大工を養成するよりも、大工がいなくても成り立つ建築構法を教えることが教育機関の使命になった。あげくのはてに大工の手業を必要とせず、無垢の木でなくとも建てられるプレハブ工法やツーバイフォー工法という建築方法が考え出されてきたのだと知った。

背景には、当時の日本の産業・経済政策を見なくてはいけないという意見があった。諸産業を牽引する産業として鉄があったから、鉄を消費する鉄主体の構造計画が求められた。そういうところへは予算がどんどんつくから、研究に弾みが付き、多くの研究者が集まる。伝統的な木造構造への予算などつくはずもなく、どんどん忘れ去られていったのだという。

木挽や大工が山に入って木を選んでいた今までの慣習からいえば、木材の乾燥はあまり問題になっていなかったのではないだろうか。大量注文ではなかったし、ときは静かに流れていたから自然乾燥で多少水分が残っていたとしても、大工の腕が木材のゆがみをカバーできたのかもしれない。無垢材の多くは無乾燥のものが多かったので、外材に負けたのだ、との記述を初めて読んだときは腑に落ちないところがあったが、産業構造の急激な変化が巻き起こすさまざまな動きが視界に入ってくるようになるにつれ、少しずつ皮相的な風評がまかり通ってきたことも分かってきた。

大震災の前年に耐震工事のために我が家を改修したときのことを思い出す。三〇年前に建てたときは古い建築基準法に基づいていたので、今の耐震基準に満たない建物ですよ、と調査に来た市の担当者から注意を受けていた。そこで国産材も今は安く手に入りますよ、という長女の知人である設計士Aさんに改修プランを出してもらい、大工さんだけは新築のときにお世話になったOさんにお願いした。Aさんは、入手できたので床板はブナ、天井にはスギを使いましょうと私を喜ばせてくれた。Oさんは年配の大工さんと二人で取り組んでくれたが、

「久しぶりに無垢の仕事で楽しかった、フローリングの板はねじれもなく楽なんだけど、こういう無垢の木はなだめなだめしなくちゃならないの、でも仕事したっていう感じがしてね。木は伸び縮みするからね、隙間が空くこともあるかもしれないよ」

というOさんの言葉が記憶に残っている。

Oさんは
「床にスギは普通使わないものなの、柔らかいから傷がつきやすいのでね」

と話していたと思うのに、佐藤棟梁は床にもスギを使うという。

「使えば傷つくのは当たり前のことじゃないかね。スギの床は柔らかいから、頭に響かない、と好む人は多いんだよ。こども園の床は特にスギの柔らかさがいいと思うよ。小さい子が飛び跳ねても

響かないからね」

と、床にもスギが使われたが、床のスギは厚さ三センチのものなのだと教えてくれた。

この頃には、政府の方針が国産材使用へとすでに大きく舵を切っていたのだ、と後々になって気づくことになる。

ヨーロッパ諸国でも一九八〇年代初め頃までは国際市場価格の下で林業事情は厳しかったようだが、日本がもたもたしている間にあちらでは行政と企業、研究者が一体となって取り組み、伐倒・集材技術とその作業システム、生産から販売、流通に至るシステムの著しい改善を成し遂げて、林業の生産量を驚くほどに向上させていたという。彼我の違いがどうして生まれたのだろうか。

九〇年代には北欧やオーストリアなどからの木材輸入がみるみる増えていくことになった。しかも木材といっても丸太そのものではなく加工して製品になったものの輸入が多くなっている。製品輸入の大半は集成材（板を何枚か貼り合わせた木質材料）用の厚板や集成材そのものという。その半分近くが人工乾燥材で、大半がプレカットしたもののこと。丸太と製品では関税の扱いが違うことも、製品輸入が増えていく理由だと聞く。

日本の港に入って来た輸入集成材や合板はそのまま工事現場に直行できるから、経費と時間短縮につながる、国産材が山元から建築現場に届くまでの煩雑な経路と比較すると負けるのは当たり前だと思えてくる。

森林・林業白書を読む

今まで読んだことのない森林・林業白書（平成二八年版）を初めて手にしたところ、考える素材をいろいろ与えられて興味深かった。

「新築住宅着工戸数の約半分が木造となっている」という記述に、まず驚いた。そんなに多いとはとても思っていなかったからである。

次に、今後住宅を建てたり、買ったりする場合に選びたい住宅を木造住宅の中の「在来工法（木造軸組構法）」「ツーバイフォー工法（枠組壁工法）」「木質プレハブ工法」の三パターンから消費者モニターに選んでもらった結果として、工法別シェアは在来工法七四％、ツーバイフォー工法二三％、木質プレハブ工法三％とあった。

もしかしたら、建築業界ではツーバイフォー工法や木質プレハブ工法の家も木造住宅に含める？そういうことだったのか、と分かってきたが、業界の人はともかく、一般の消費者はどうとらえているのだろうか。

「在来工法」とは一九五〇年に施行された建築基準法以後を指すに過ぎない言葉で、日本古来からの工法を指すものではない、伝統木構法こそが日本本来の建築工法なのだと伝統木構造の会会長の増田一真氏に教えられたことは前に記したが、ここでは白書の記述に従って在来工法と書くことにする。「ツーバイフォー工法」は欧米、特にカナダと北米において一般的な木造住宅の工法だという。

使用する木材は北米からの輸入材と構造用合板。木造の枠組み材に構造用合板などの面材を緊結して壁と床を造る工法。熟練の大工も不要で、工期も短い。耐震性、耐熱性、耐水性に優れているとされる。「やかまし村」の工事を担当したＳＫホームはカナディアン住宅を「ツーバイフォー」で建てることを得意にしている会社だ。「木質プレハブ工法」は柱や壁、梁などの部材を工場で生産し、建築現場で組み立てる、工業化された住宅を指す。現場での建築作業が軽減されるため、工期が短い。躯体の素材によって、プレハブ住宅には「鉄骨系」「木質系」「コンクリート系」と三種類があるが、そのうち木質系が木造住宅の分類に入るとされる。

白書にはさらに木造住宅には別の見方からみると木造軸組真壁工法（柱が表に見え、柱の間に壁がある伝統的な日本家屋の工法）と木造枠組大壁工法（柱が壁の中に隠れる工法）という、大きく分けて二通りの工法があり、最近では後者が増えつつある、と付け加えられていた。大壁工法では柱が壁の中にかくれるので、柱の材は集成材であってもかまわないわけだ。国産の無垢材ではなく輸入集成材が使われる確率が高くなる、ともあった。

ここ数年の傾向として国の政策的変化により国産材の使用が増え、輸入集成材から国産集成材への転換を図る企業も増えたというが、依然として七割の外材輸入は続いている。

外材を使うことを看板にしているあるハウスメーカー社員に「公表はしていないんですけど、国産材を使う機会が増えてきたんですよ」と打ち明けられたことがある。外材より国産材の方が安くなったので、とは言わなかったが、新興国で木材を輸入する量が増えてきた影響から、外材を安く手に入れにくくなったことも一因だとする意見もある。

畳の部屋に似合うような暮らし方ではなくなっている多くの消費者は木造住宅を望みつつ、和室はお客様用として一室だけつくり、後は机といす、あるいはソファーのある洋間をつくるようになった。そういう消費者の希望をいち早くすくいとったハウスメーカーは次々にツーバイフォー工法であれ、プレハブ工法であれ、大壁工法による住宅を一気に大量につくり始めることになった。そして街のあちこちに住宅展示場がつくられ、ハウスメーカーが大壁工法による住宅を展示し、デザインの良さを競い合っている。

木造住宅を求めて住宅展示場を訪れる消費者が目にするのはほとんどの場合、大壁工法でつくられた木造住宅になった。洋風な暮らし方にぴったりのデザイン、使い勝手、どれをとっても魅力的な家々が並ぶ住宅展示場。〈興建ハウジング〉のような小さな会社は住宅展示場には出展しないので、私たちの多くは木造住宅にもいろいろな区別があることなど知らないままに、大壁工法による木造住宅を選んでいるように思われる。

知らないままに、と書いたが、知らされないままに、と書くべきだろうか。大壁工法であっても、和室は無垢材の柱を使ってそのことを売りにしている場合もある。見えない柱は集成材が使われていても、聞かれなければわざわざ説明しないだろう。

軸組真壁構法の家を建てているのは、ほとんど年間供給戸数五〇戸未満の中小の大工・工務店であり、使用材のほとんどは地域産出の無垢材が使われる、と統計では教えてくれる。〈興建ハウジング〉はまさにここに当てはまる。

年間五〇〇戸以上の建築戸数を持つハウスメーカーでは、一度に大量の木材を求めるので、規模の小さい地域の製材会社だけでは集まらない。好まなくても輸入材、集成材に頼らざるを得なくなるのである。枠組大壁工法の家づくりでは輸入集成材の使用頻度が高く、それはメーカーの規模が大きくなるにつれ高くなっていくのだった。

佐藤棟梁は本社にいながら、同時進行で建てている数軒の家屋の進行状況が見えているので、次にどこの現場で何を手配すればいいのか、現場のリーダーに聞かなくても用意できる。

こういうことができる今の会社の体制が一番安心できるので、これ以上は自分の目が届きにくくなるから、会社の規模を広げたくないという。

ハウスメーカーでは二ヶ月くらいで一棟建ててしまうと聞くが、棟梁のところでは手刻みで丁寧に建てるから、とても二ヶ月という短期間では完成しない。

家を建てるというのは平均的日本人にとって一生に一度あるかないかの一大事業だと思う。ところが多くの消費者は望む家を早く安く建てたいといつのまにか当たり前のように望むようになってしまった。私たち一般の消費者は知らず知らずのうちにそういう世間の空気に押し流されているのかもしれない。

ハウスメーカーとビルダー

今まで私は普通に使われているハウスメーカーという言葉を何気なく言葉を使っていた。ある人が工務店や大工のことはビルダーと呼ぶが大手の住宅会社のことはビルダーとはいわず、メーカーという、なぜなら彼らはあちこちから完成品の部材を集め、それを組み合わせて家をつくるのだから、ビルダーではなくメーカーなんだよ、と教えてくれ、はっとしたことがあった。ハウスメーカーという言葉は和製英語なのだろうか。ハウスメーカーという言葉を簡単に受け入れてきたことが、昔ながらの大工の仕事をあっさり捨てて、大量生産する大手住宅会社の住宅を簡単に許容することにつながっていった、ということはなかっただろうか。

同じ頃、海外では日本のようなハウスメーカーは存在しない。あちらでは今もなお地域に昔ながらの工務店、大工が健在で、彼らは顧客と対話しながら、その地域の民家を丁寧に建てているという建築家の発言に出会った。

イギリスに一年間住んでいたという人、イギリス旅行から帰ったばかりという人などにイギリスについて聞く会があったので、疑問をぶつけてみた。

「イギリスで戸建の新築の家らしきものを見た記憶がないわよ。古いアパートを借りて内装にエネルギーを注ぐというのが彼らのやり方みたい」

「観光地に行っても、観光スポットと普通に住民が住んでいる地域との差が日本ほどくっきりしていないのよね。日本だと観光スポットをはずれると、新建材の家ばかりが目についたりするでしょう」

美しい町並み、景観を無頓着にぶちこわす建築物が平気で建っている日本に落胆と驚きの声を寄せる訪日ヨーロッパ人は多いが、茅葺き屋根の民家が今も健在で年間三〇〇〇棟ほどは建てられ、産業としても成り立っているオランダやデンマークの話につながる何かを感じる。

ヨーロッパの話として、あちらには建築学科を卒業しても新しい建物の設計者になる人は、二、三割で、七、八割は修復保全のための技術者として養成されている、ということを紹介する専門家がいた。景観・町並み保全の規制が厳しく、新築の建築物はそう易々とは建てられないのが現状のようだ。

今はミラノに住むイタリア在住三十数年というジャーナリストのエッセイに興味深い記述を見つけた（『イタリアのしっぽ』内田洋子）。大学を出て数年というまだ若い建築家ティナの物語なのだが、友人でもある彼女の仕事が紹介される。

「イタリアの古い建物や遺跡は、文化財保護法で守られている。解体して新しく建て直す、ということはほとんどない。せっかく建築家になっても、住居や店舗の改築や内装を手がけるのが日々の仕事となる。ミラノ工科大学の建築学部は世界的に有名で、結果、町には建築物が溢れている。よほどの才能と縁故がなければ、頭角を現すまでには至らない」というわけで、ティナは大学卒業後すぐに工務店を立ち上げて「庭の手入れから水道管の管理、壁のペンキ塗りなど、別荘の世話を引き受けます」という看板を掲げたところ、次々に申し込みが来たとある。

日本は使い捨ての新築住宅を建てる比率が圧倒的に多い国らしい、と気づいた。

大手ハウスメーカーはなぜ国産無垢材ではなく輸入集成材を使うのか、というと、一気に大量の住宅を建てようとし、全国で均一の製品を使おうとすると、国内では対応できる製材工場がないからだという。日本の大手と比較しても北欧の製材工場の規模は一〇倍でほぼ均一のJAS製品の安定的供給が可能だとなると、我が国でもその規模に対抗できるような大規模製材工場がつくられ、小規模製材工場が次第に淘汰されていく傾向が顕著になっているようである。

白鳥さんは集成材を使いたくないのは、無垢材の需要を減らすだけではなく、薄い板を張り合わせる過程で使われる接着剤に人体に有害な薬剤が使われていないかどうか、気になるからだという。

保育者に知ってもらいたい木のこと、森のこと

隣の長女の家が出来上がり、完成見学会をする前に、白鳥さんは床のワックスがけをみどりの森幼稚園の先生たちに教えたいと言って、非番の先生たちに来てもらって、一日講習会を開いた。白鳥さんの選んだワックスでの作業は大勢の参加者を得てあっという間に終わった。床に塗るワックスは蜜蠟《みつろう》をイソパラフィンで溶かしたものだった。

その日の前日、用事を思い出して隣の家をのぞいたら、白鳥さんがいて、翌日使うワックスの試

し塗りをしていたらしくカウンターを布で丁寧になでていた。活字で書くと大げさになってしまうが、なんだかちょっと感動した。

白鳥さんは「やかまし村」の園舎建設にあたって、園の先生たちに、木のこと、木材のことを知ってもらいたいと山まで案内できなくても、どこでどのような木が木材に製材されていくか、を見てほしいと非番の先生を交代で製材所に案内してくれたので、私も便乗させてもらった。

「くりこまくんえん」（栗駒木材）では、佐藤棟梁が製材職工と呼ばれる担当者のそばについて木材のどの部分に機械を当てるか話しているところを見せてもらった。かつては腕のいい木挽さんにしかできなかったような仕事も機械はあっという間にやってしまう。

後に、製材所が一気に大きくなり大量に運び込まれた木材をすごいスピードで製材していく効率抜群の工場のことを知り、「くりこまくんえん」では滅多に見ることのできない貴重な瞬間を見せてもらったのではないか、と遅まきながら気づいた。

機械化されたといっても家を建てる大工と製材職工が話し合いながら製材を進められるのが小規模の製材所のよさだと思うのに、どんどん廃業に追い込まれているのが現実であった。地域に「くりこまくんえん」（栗駒木材）のような小規模製材工場が残されていることは私たちには僥倖《ぎょうこう》ともいえるありがたさなのだと気づいた。

木材の製材工程は、家を建てる際に、どのサイズで、どこに使うかを考えながら製材し、墨付けをし、ほぞ穴を開けたいと頭の中で絵が浮かんでいる棟梁にとっては、人任せにできない大事なプロセスの一つだったのだ。

「日本史上、最も森が充実している」の意味

「今、日本の森林は最も充実しているといわれているのですよ」

ある時、白鳥さんがすました顔でそう語ったとき、えっ、どういうことなの？　と内心少なからず混乱していた。日本の国土を守り、水を浄化し、生物多様性を保持する日本の森の機能が、このままでは失われてしまう、と焦燥感すら覚える日々だったのに、日本の森が今最も充実しているとは、いかなる意味だろう。

多くの日本人にとってもにわかに信じがたい話ではなかろうか。

「国土面積の三分の二を森林が占めている森林国日本で、戦後進めてきたスギ、ヒノキなどの人工林の面積はその約四割、一〇〇〇万ヘクタールに達し、その約五割が一〇齢級（約五〇年生）以上の高齢級に達し、主伐による利用可能になりつつあり、森林蓄積量は約四九億立方メートルで本格的な資源利用期に移行してきている」というのが白書の記述だ。戦後一九五〇～一九八〇年頃にかけて拡大造林のかけ声のもとに植えられたスギ、マツ、ヒノキなどの針葉樹林がほぼ五〇年生になって、建築用材として使用できるほどの太さになってきたことを指してこういう表現が使われているらしかった。

政府が先頭に立って「もっと木を使おう」と呼びかけている、こんなことは日本の歴史始まって以来のことではないか、世界的に見ても珍しいことではないか、と森林ジャーナリストの田中淳夫は書く。

日本中を狂気のように駆り立てて植えられた針葉樹の人工林のその後の展開は都市に住んで遠くから眺めていたに過ぎない市民の目にも無残な姿に映っていた。手入れ不足に陥り、細い木が混み合った薄暗い森になり、林床には広葉樹の稚樹をはじめ、下草もシダもまばらになった。充実した森の姿はどこへ行けば見られるの？　と聞きたい思いがしているというのに、なぜ、充実しているといえるのだろうか。

教科書はもちろん、日本の自然について書かれた本には、かならず日本の森林率が六七％であると書いてあるので、忘れようとしても忘れられない数字として頭にある。

その日本で一八九一（明治二四）年頃の森林率は四五％だった、という。明治時代はなぜそんなに緑が少なかったのだろう？　次に、現在の六七％までの回復をもたらしたものはなんだろう？と考え込んだ。明治、大正、昭和、第二次世界大戦までの間は大きな変化はなく推移し、戦後の数十年間で二〇％以上森林は増えたに過ぎないともいうのである。

日本列島はモンスーンによる温帯湿潤な気候のおかげで樹木の復元力が飛び切り高い、緑に恵まれた国だからこそ、世界有数の「木の文化」をつくり上げることができた国だと単純に思い込んできたのに、思い込みにすぎなかった、のだろうか。少し過去を振り返って考えてみたい気がする。

エネルギーから建材まで、すべてを森でまかなってきた日本列島の人々

太古、日本列島はうっそうとした森林に覆われていた。

ところが古代国家の成立以後、我が国でどれほど多くの木造建築物がつくられたか、振り返ってみるだけでも目がくらくらするほどである。いずれの時代においても時の権力者は競って仏閣・堂塔・伽藍、寺社、寺院を建てるのみならず、そこに収める仏像も木像である。どれほどの樹木が山から消えたことだろうか。

森林が失われるもう一つの原因は、勢力を競う各地の権力者による新田開発にあった。山野は次第に奥地まで開墾されるようになり、江戸中期には完全な「尽山《つきやま》」(森林資源の枯渇現象)の様相を帯びていく。

安藤広重の浮世絵「東海道五十三次」を見てみよ、ここに描かれている山は大半が禿げ山ではないか、それに木といえばマツしか描かれていないではないか、という指摘もある。マツは貧栄養状態の土壌を好む木なのである。

明治維新以後も欧米に追いつくために、多くの建造物が建てられた。日清、日露、第一次世界大戦、第二次世界大戦と続く戦争は木材の消費を限りなく要求した。北海道に残っていた美しい広葉樹も、オタルオークとして欧米に輸出された。国内の森林は荒れ果てていた。それだけではない。針葉樹の天然林を切り尽くし、奥山の広葉樹にまで手がつけられたのは戦後だという。

古来、神社仏閣や城郭を建てるために巨樹は伐られ続けた。森が豊かであるから、立派な木造建築が建てられ、世界に誇れる「木の文化」をつくり上げることができた日本だったが、木は無尽蔵にあるものではない。いくら日本の森は復元力があるからといっても、使う一方だったら、日本中禿げ山だらけになっていたはずだ。

平安京の造営にそのヒノキが伐られ尽くし禿げ山になったという琵琶湖南部の田上山がその象徴としてよく語られるが、明治になるとデ・レーケなどお雇い外国人技師によって緑の山へと復活の道を歩み始める。どのような経過をたどって、今の森林率六七％にまで復活させたのだろうか。

日本に木を植え続けてきた人々

時代を大きく溯る。縄文の遺跡「鳥浜貝塚」（福井県）からの出土品にトチの盆、スギの板材、カヤの小弓、さらに深紅の漆塗りの櫛などが見つかり、現代人を驚かせたことがあったが、彼らは造林も行なっていたと、花粉分析の数々のデータを付き合わせてみることで分かってきたという。

青森県の三内丸山遺跡には巨大な六つの柱穴が見つかって、世人を驚かせた。少なくとも直径一メートルのクリの木の柱が建てられていたことが分かったからだ。現在は巨大な櫓《やぐら》のような建物が推定復元されている。縄文人にとってクリ材は加工が楽で、耐水性や耐久性のある非常に便利な木材だったのだろうと推定されている。クリは食料としても優れている。遺跡のまわりには広いクリ林があったことも確認されている。縄文人にとって大切な木だったことだろう。

弥生時代に入ると、使う木材が変化している。静岡市の登呂遺跡から出土した木材の九五％はスギ材だったという。佐賀県の吉野ヶ里遺跡ではモミが多用されていた。

『日本書紀』のスサノオノ尊の言葉は前の章で引用した。当時の為政者が樹種と使い道を選んで、植林を奨めていた、との想像も可能で、そうなら日本ではこの時代から木を植える歴史がすでに始まっていたのかもしれない。

『万葉集』巻十には

いにしへの人の植えけむ杉が枝に霞たなびく春は来ぬらし

という歌が納められているという。万葉人より前にすでに木を植えることを知っていた人たちがいたことがうかがえる。

その後もそこここで木を植えるという営みは細々ではあっても続けられてきたと思えるが、記録に残っているのは、文亀年間（一五〇一〜〇四）に現在の奈良県川上村にスギとヒノキを植林した、とあるのみという。

徳川時代になり、それぞれの藩で活発に新田開発が始まった。その動きはやがて治山治水への関心の広がりとなり、各藩が積極的に植林を進めるようにもなった。今日本で三大美林とされる森林、木曽・天然ヒノキ、秋田・天然スギ、青森・天然ヒバはすべてこの時代に藩主が主導して生まれたものだ。

藩主たちは厳しい掟をつくって木を守ってきた。

2章で紹介した守田志郎の本の中に、秋田杉を何代にもわたって育ててきた山里の家を訪ねた話が載っていた。スギの木を育てている里の人々の家にはスギが一本も使われていない不思議に守田は気づく。その家の主は一〇〇年はとっくに超えたであろう柱や梁を指しながら、あれはクヌギ、これはクリ、それにあれはブナでこちらはナラなどと教えてくれるのだ。つまり使われている木材はすべて堅木だった、とある。堅木とは初めて聞く言葉だが、広葉樹を指してそう呼ぶ。針葉樹に比べて広葉樹は堅く作業が難しいともいわれる。現代感覚では堅木の総づくりの家を見ると、なんと贅沢なこと！　となりそうだが、秋田藩ではスギは藩の大切な木として御禁木になっていたから、庶民にとってスギは藩のために育てる木であって、庶民は使うことは許されない木だったのだ。

海岸林

ここで少し視点を変えて海岸林に注目したい。

東北の日本海側の藩主たちにとって、冬季シベリアからの季節風による飛砂の害を防ぐ対策が何よりも求められた。その激しさは一晩に砂山が移動するほどだという表現があるほどの凄まじさだったから、藩主たちは海岸林を育てるために力を注いだ。

津軽藩では津軽信政の時代に始まり、後世「屏風山植林《びょうぶさん》」と呼ばれるようになった一大植林事業があった。そのおかげで、氾濫原であったところは実り豊かな平野に代わり、庶民の暮らしを向上させたのだった。

能代・秋田の海岸では栗田定之丞が、酒田の海岸では本間四郎三郎（光丘）がおり、「一枝折らば我が一指を切れ、一本切らば我が腕を切れ」という厳しい言葉を残した佐藤藤蔵がいて立派な海岸林を残してくれていた。何度も積年の努力がふいになるような体験をしながら、つくり上げたものだった。それほど厳しい仕事だった。植林という仕事は成果が今すぐには現れるものではなく、五〇年、一〇〇年後にはじめて成果が目に見えてくるものである。

東日本大震災では日本海側ではなく太平洋側の海岸林が壊滅的な打撃を受けた。我が仙台平野でも海岸林のほとんどを喪失し、現在その再生事業がまさに進行中なので、少し触れたい。そのためには仙台藩の林業政策から見ていく必要がありそうだ。

藩主伊達政宗は、仙台開府と同時にその都市計画実現の第一歩を造林事業に置いて、内陸部にはスギ、沿岸部の仙台平野にはクロマツという具合に二本柱を立てて進めた。そのために藩営の苗畑を新設し熊野からスギの苗木を取り寄せ育てさせた一方で、遠州浜松や播州からクロマツ苗を取り寄せ育て沿岸部に植林させた。日本海側の海岸林はシベリアからの季節風による飛砂防除林だったが、仙台藩の海岸林は政策としては新田開発の一環としての意味合いが強かった。後に「潮除須賀《しおよけすか》松林《まつりん》」と呼ばれたように塩害を防ぎ、湿地だった仙台平野は豊かな実りの土地になった。佐藤棟梁の故郷陸前高田にある高田松原（今は岩手県だが、かつては伊達藩領）――大震災で消滅――の造成もこの中に含まれている。

藩有林は御囲い山、御鉄山、御塩木山、御留山などと名前を付けて守ったが、藩と村が共同利用する山では植林の利益を分配する制度も設けていた。今でいう分収林制度だと思う。そのほかに拝領山、居久根山（屋敷の地続き）、地付山と呼ばれる農民の持ち山があった。海岸林の育成にも分収林制度に当たるものを設けて、地域の農民が主体的に関わり育てる意欲を引き出しながら続けてきた歴史があることも知った。

北に広がるリアス海岸から南の仙台平野は八六九（貞観一一）年から繰り返し地震と津波に襲われる地域だったが、防潮林のあった場所は被害が少なかったことが次第に評価され始め、明治になってようやく本格的にクロマツ海岸林を育てる動きが出てきた。さらにマツは暮らしに欠かせない燃料であり、塩づくりの必需品だとの認識が広がって、戦後すぐに「宮城県海岸林保護組合連合会」が生まれ、災害の防除に努めていた。大震災の直前二〇一一年二月に二万八〇〇〇本の植栽を終えたばかりのところに大津波が襲った、といわれている。どんなに無念だったことだろう。

今回の大津波で海岸林は大きな被害を受け、「根返り」したマツが流木化して民家を襲った事実もある一方で、被害を軽減した効果も認められている。津波に耐えて生き残った林もあった。根返りとは、樹木が押し倒され根の大部分が地上に浮きあがった状態のこと。マツが育っていた場所の地盤が低く、地下の水面に近かったために根が垂直にほとんど伸びず、地表近くで太い根がとぐろを巻いていたという。

植林に際して、地下水位の深さに注意し、林の幅を五〇〇メートルとる、さらに言えば、広葉樹も育てて、単純林にしないことが大切だと強調される。震災で倒れてしまったクロマツを見て、震災直後にマツはだめだ、本来の植生であるタブノキ、スタジイ、シラカシ、サクラなどの広葉樹を主にした植林をしようという呼びかけとともに、壮大なプロジェクトが始まり、一刻も早く海岸林の復興を求める世論に後押しされて支援金も多く集まり、官民挙げての国民的運動になっている地域がある。

少し遅れて、倒れたマツの状態を仔細に観察した結果、樹種の問題ではなく植え方に問題があったことが分かり、宮城県では検討の結果、クロマツを基本に、アカマツ、コナラ、ヤマザクラ、ケヤキ、クリなどを植栽することに決めたので、先に書いたプロジェクトでも樹種を変更した。

別の地域では約一〇〇ヘクタールに五〇万本のクロマツの苗木を植える海岸林プロジェクトが始まった。潤沢な財源を持つ財団や財界の支援を受けて市民が中心になって進めている大きなプロジェクトである。松くい虫の被害を懸念して（松くい虫）抵抗性マツの苗を植えることにしたという。

市民のささやかな試みもある。津波から生き残ったクロマツの松ぼっくりを集め、種子に菌根菌であるショウロの胞子をつけてつくる苗づくり。子どもも含めてたくさんの市民が参加して海岸林をつくり、後々までも見守っていけるようにしようという小さな取り組みである。

植える樹種の選び方や、マツ苗のつくり方、その植え方など専門家の間でも意見が分かれることもあり、それぞれの考え方が反映されて、海岸林造成が進められている。

こう書くとひどく無責任な書き方をしているように見えるかもしれない。一日も早く復興を、という市民の声と言おうか、世論を受けて、いち早く立ち上がり、歩き出した大きなプロジェクト、歩みは遅くとも熟慮を重ねて、歩みだした市民の動き、さまざまある中で、木を植えて海岸林が出来るまでの年月の長さを思い浮かべる。この事業は植えられた樹をこれから引き続き守り育ててくれる人たちがいて、続いていく。林業家が自分たちはいつも五〇年、一〇〇年先のことを思いながら仕事をしている、と言っている気持ちが急に身近に感じられる。植えられた木々を見守る人々の力で立派な海岸林になっていくのだろうと思う。

ここで、もう一つ、気になっていることがある。林業家として現在発信している方たちが何代も続く家業を継ぎながら、日本の森を守る仕事している姿が見え始めたことだ。この方たちの林家としての出発点は江戸の中期あたりかとも思える。私が知り得たのはその中のほんの一部の人に過ぎないのだけれど、日本の林業の未来にとって重要なキーパーソンになるのではないかと思うようになった。

林業を家業にしてきた人たち

白鳥さんに誘われて南三陸町まで国際的森林認証であるＦＳＣ認証を取得したばかりだという森

を見に出かけた。南三陸町は三・一一の大津波で大きな被害を受けた町である。町内に入ると工事車両ばかりが行き交い、かさ上げされた土地と土地に挟まれた形で暫定的に震災遺構として保存が決まった防災対策庁舎がいかにも肩身狭そうに立っているのが見えた。

大震災後ほどなくして尋ねたときは津波のことばかりが気になっていたので、気づかなかったが、まわりを見渡せば、そこここにスギの林立する森が見える。南三陸は漁業の町であると同時に林業の盛んな町だったのである。FSC認証取得を中心になって推し進めてきた林業家の佐藤久一郎さんに森を案内してもらった。はじめに案内されたのは五〇年生のスギが育っている森。人工林は暗いというイメージを覆し、手入れの行き届いた森には広葉樹や下草も育ち明るい森だった。次に佐藤家の宝物だという樹齢一五〇年のスギが空に向かってそびえ立っている森へ案内された。そこにたどり着くための林道は未整備のままで、相当きつい道のりを歩くことになった。

久一郎さんは

「簡単に伐ってはいけない木だからね、なかなかたどり着けないように道は敢えて整備しないことにしているんだよ」

と教えてくれた。

一五〇年前といえば、幕末から明治初期の頃である。風雲急を告げる世相にあっても木を植えるという仕事を倦まずたゆまず続けた人々がいて、こういう森があるのだなあ、と思うと、時代の転変を生きた人々が急に身近に思えてきた。

南三陸でスギを育ててきた林業家として一一代目になるという佐藤久一郎さんは㈱佐久の社長であり、南三陸森林組合長でもある。

二〇一五年一〇月に宮城県では初めてFSC認証を南三陸森林管理協議会（町有林・㈱佐久・大長林業・慶応義塾所有林）一三一五ヘクタールとして取得した。一年後には入谷生産森林組合が加わり、一五一五ヘクタールになったという。面積としては決して大きい方ではない。だからこそ質の高さで勝負したいと思ったという。

南三陸・志津川に「太郎坊」と名づけられた樹齢八〇〇年の雄々しいスギがある。

伊達政宗が仙台城を築き広瀬川をはさむ城下町に大橋を架ける際に使われた四〇〇年生スギの生き残りだといわれている。一七世紀初頭にすでに四〇〇年生であったスギなら、植えられたのは鎌倉時代だろうか。記録は残っていないので、想像するだけだが、当時すでに植林に励んだ人々がいたと思われる。

佐藤さんが一一代目とすれば、初代は一七世紀後半の人になるだろうか。四代目が三万本のスギを植えたという記録がかろうじてみつかった。明治になってつくられた『造林功労者事績（旧藩時代）』（復刻・昭和六一年）にも南三陸杉に言及された箇所があったという。

佐藤家で代々重んじられてきたのは「土をつくるんだよ」ということだったと教えてくれた久一郎さんの森林土壌に対する造詣の深さは言葉の端々から感じられた。

久一郎さんの言葉にすぐに思い起こす体験が私にはあった。有機農業に長年取り組んでその分野では著名な登米市の農業者Iさんが、見学先の田んぼの土を手に取るやすぐに口に持っていき嘗めている姿が伝説的篤農家と重なって見えて、身が引き締まる思いがしたことがあった。そして2章にも書いたが、法隆寺の宮大工・西岡常一が尋常小学校卒業後、祖父の意思で工業高校ではなく農学校に入学させられたことである。「土のありがたさを知らなんではほんとうの人間にはなれやせん」と祖父は孫の宮大工の修業に農業を体験させたのだった。

南三陸は、太平洋沿岸に位置し、山と海にはさまれ、両方からの恵みをたっぷり受けて暮らしてきた地域だ。山に降り注ぐ雨は志津川湾に流れ込み海を豊かにし、ミネラル分たっぷりの海風をうけて育つスギは、ゆっくり成長するので木目が細かく強度が高いといわれてきた。そこにやってきたのが、二〇一一年の大震災である。かつてないほどの大津波によって町は壊滅的な被害を受けた。久一郎さんの家もすべて流された。幸いなことにスギを中心とした森林は被害を免れたので、津波からの復興を南三陸杉を中心にすえて目指そうという思いがまとまり、FSC認証取得となった。（コラム「FSC認証とは」参照）

今回の認証取得にあわせて、町内の製材会社丸平木材がFSCのCoC認証（加工・流通過程認証）を取得した。丸平木材の工場もすべて流されたが、小野寺邦夫社長はじめ社員たちの努力でいち早く高台に復興することができていたのだ。

付け加えると、震災でカキ養殖が壊滅的な被害を受けた南三陸・志津川湾だったが、その志津川湾・戸倉のカキが一年で出荷できるまでに回復したのを機に、海の養殖業の国際認証MSC（海洋管理協議会）認証を二〇一六年三月に取得している。

久一郎さんは、新築された南三陸町本庁舎が行政庁舎としては全国初のＦＳＣ全体認証を受けたことも教えてくれた。南三陸杉を全面的に使ったことは当然のこととして理解できるが、本庁舎建設に関わりのあるすべての業者がＦＳＣ認証を取得するというのは想像を絶することのように思われた。しかし、すべてクリアしたのだという。

ＦＳＣ認証を取得するためにはクリアする資料の量からして大変なのだが、久一郎さんには頼もしい後継者がいた。息子の太一さん（三三）だ。佐藤家の教育方針は、三〇歳までは好きなことをしてもいい、ということになっていたので、彼は好きな物理学の研究に精進し大学に残る道も用意されていた。そこに東日本大震災が発生、家屋敷すべて流されてしまうという事態に遭遇して、太一さんは大学での研究を中止して家業を継ぐことにしたという。私はまだお会いする機会がないが、太一さんの出番が次第に多くなっているように見受けられる。

ここで付け加えると、登米市の農業者のことを書いたが、そのＩさんと親しい関係にある登米市森林組合がごく最近ＦＳＣ認証を取得した、と知った。Ｉさんは稲作でＪＡＳ有機認証をいち早く取得していたから、そういう動きに敏感な土地柄になっていたと思われる。Ｉさんと会う機会が多かった頃、うちの森林組合にも若い女性が入ってきたんだよ、と嬉しそうに教えてくれたことがあった。森林従事者の間でも高齢化が進んでいるといわれる中で、若い女性が加わるというのは飛び切り元気の出そうなニュースだろうな、とそのとき共感したことを覚えている。

南三陸町でFSC認証を取得するときには日本でFSC認証を最初に導入したという速水亨さんの助言を受けた。

速水さんは三重県尾鷲・速水林業九代目の人、創業は一七九〇（寛政二）年、所有する山林は一〇七〇ヘクタール、面積からいえば、トップクラスではないが、林業の施行の方法や林業に取り組む姿勢ではトップを走っている林業家に見える。

速水さんのことは内山節の著作を通して知っていた。内山は人工林は必要悪のようなものに思えて好感を持っていなかった、人工林の中でもヒノキ林は特に好きでなかった。ヒノキは土壌を荒廃させやすいし、たいていは草花も少なく鳥の声も聴かれない暗い森になっている、と思っていたという内山。ところが、速水さんの森はヒノキの森としては類例がないほどに明るく美しい森だった。ヒノキの間からさまざまな天然木が枝をひろげ、ヒノキの上層木と広葉樹の下層木からなる森の中では、鳥の声が聴こえてくる。

「美しい森は林業的価値の最も高い森でもある」

という速水さんの話を聞いて、それまで林業に対して持っていた考えをすっかり変えさせられ、それからは毎年のように速水さんの森を訪れるようになったと書かれていた。内山の発見は人工林に持っていた偏見を打ち破るきっかけを多くの人に与えてくれたはずであり、私もその一人だった。

速水林業には昔から「スギやヒノキは売るほどあるけど、雑木は少ないから伐らないで残せ」という合言葉があるそうで、持ち山は広葉樹だらけだとか。針葉樹だけの森よりも広葉樹と混じり合った森の方が土壌が豊かで木の成長もいいということを長年の森づくりから体得したご先祖の叡智のこもったユーモラスな合言葉が胸に響く。

佐藤家に伝わる「土をつくるんだよ」と速水家に伝わる「広葉樹を育てろ」という先祖から伝わる言葉は、一見違うように見えるが、同じ内容の事柄を違った表現で伝えているのだと思う。

人工造林のかけ声ばかりが鳴り響いていた時代にあっても、代を重ねて林業に従事してきた佐藤久一郎さんや速水亨さんのような林業家は先祖の教えを守ってコツコツ木を植え続けていた。スギやヒノキは単独で育てるよりも広葉樹と一緒に育てた方が地下空間に満遍なく根が張り巡らされるために土壌の分解が早く進み、きれいな水を川に送り届けるようになることを自然に体得していたのだ。そして尾根には決してスギを植えなかったと彼らは語る。

佐藤さん、速水さんの仕事を知るにつけ、ブナの森を守る活動が盛んだった時代にお二人がどんなに腹立たしい思いで都市住民の動きを眺めていたか、が分かってくるようになった。私もご多分に洩れず広葉樹の森の方が水源涵養能力が高いのだ、と単純に信じ込んでいたのだ。多様な樹種の混じり合った森をこそ求める森にしなければならなかったのに、針葉樹だけの人工林を見て、結論を急ぎ過ぎていたのだった。

佐藤さん、速水さんに共通しているのは、どちらも林業だけに絞らず、代々味噌、醬油、ときには養蚕といった別の仕事を同時に持ちながら、所有林を守っていたことだった。子どもの頃、素封《そほう》家《か》とか分限者《ぶげんしゃ》という言葉で呼ばれる山持ちの家があった。その言葉に当てはまるのが佐藤家や速水家なのだ、と気がついたら、実像に近づけた感じがした。林業という息の長い仕事はそれだけでは成り立たない、しかし私たちの暮らしにはなくてはならない重要な役割を担う産業である、ということをしっかり視野に入れておきたいと思った。

佐藤久一郎さんとお話ししていると、林業家同士が交流の場をしばしば持っていることに気づいたので、ふと京都府日吉町森林組合参事・湯浅勲さんとも交流がありそうに思えて、聞いてみると、

「実は震災前に日吉町の森林組合にうちの社員を一週間ずつ交代で実地訓練に行かせることになっていたんですよ」

と震災がその試みを中断させたことを残念に思っている口ぶりだった。

湯浅勲参事について言及している林業関係の本が複数あったので、林業の世界でどのように位置づけられている人なのか、気になっていたのだ。

森林組合は本来なら森林所有者の利益を図るためにつくられた組織なのに、下請け業務を優先させて、組合員の林業経営をないがしろにしてきた。いろんなところで森林組合を否定的に語る人が多いのはこういう体質への批判らしいことが私にも少しずつ分かってきていたが、そういう森林組合の体質改革に果敢に挑戦しているのが湯浅勲参事なのだとも気づいてきていたのだった。久一郎さんが日吉町に組合員を派遣して学ばせたいと思ったということは他にもそういう林業家が何人もいることだろう。

藩政時代に農書が想像以上に普及し、ベストセラーになった農書もあり、そういう篤農家のもと

に学びにくる農家も多かったということは知っていた。林業の世界でもそういうことはあったのではないか、と想像する。林業家何代目という古くからの林業を家業にしていた人たちは藩政時代からお互いに交流しながら技を磨いてきたのではないか、と思うようになった。尾根みちをたどっていけば、現代の私たちが考えるよりもお互いの距離はぐんと近かったのではないか、と考えるからである。

付記：津波で流されてしまった佐藤久一郎さんの住宅再建は佐藤洋一棟梁が引き受けて走り出している様子。樹齢一五〇年生のスギが育つ森への道も整備して、入りやすくしたそうで、そこの木も何本か新築する家に使うために伐採したそうである。

職人がつくる木の家ネット

「伝統木構造の会」を知ることで、在来工法と呼ばれているものが昔から日本に伝わっている伝統構法とは似て非なるものだと分かった。我が国の新設住宅着工件数は年間九〇万戸前後で推移しているが、日本古来の伝統技術である伝統木構法で建てられているのはわずか一％にも満たないと「伝統木構造の会」の増田一真会長は言われる。

由利さんは「私が設計している建物はいわゆる『在来工法』と『伝統木構法』のちょうどハイブリッドなのかもしれないですね」と言う。材はプレカットではなく手刻みで、乾燥方法は天然乾燥で行なうという棟梁がしている方法だけでも大変なことなのに、木（もしくは竹）舞いを掻き、石場建てで建てるとなったらさらに困難を極めるように思えて、伝統木構法の家を建てる件数が少ないのは想像できる。しかし、どんなに少なくても、そういう困難を乗り越えて家を建てようとしている人たちは皆無ではないのだから、どこかにいるはずなのである。そういう人たちに直接出会い、お話を聞くことはできないのだろうか？　あれこれ考えていると、職人がつくる木の家ネットという組織があることを教えて下さる方がいた。一%とか、三%という数字だけで見ていると、だんだん心細くなってきているところだったから、そういう志を持って仕事をしている人たちに直に会って話を聞きたいと思った。

ネット検索すると、幸運なことに近々山形・鶴岡で総会を開催することが分かった。東京に出かけるのは簡単なのに、隣県に出かける方が不便である。申し込んでみたものの会場までの道筋をどのようにたどればいいのか迷っていると、事務局の方の心配りは行き届いていて宮城県から参加する会員の車に同乗させてくれるよう手筈を整えて下さった。事務局を一手に引き受けている持留さんご夫妻は建築には素人のウェブデザイナーの立場から木の家ネットの立ち上げに参加した方だと後に分かり、木の家ネットのウェブサイトが充実していることや突然飛び込みで参加したいと申し込んだ私に柔らかく対応してくれた理由が納得できた。

職人がつくる木の家ネットは二〇〇一年設立、会員は四一都道府県に広がり、大工・設計士・木材生産・左官・建具・家具・畳・瓦・教育など多様な職種の会員一五八名（二〇一八年四月）で構成されている組織ということだった。

「わたしたちの家づくり」として

自然素材の「いのち」を活かす職人仕事
家は「買うもの」でなく「つくるもの」
あなたのためのオンリーワンの家を
時を重ねる美　だから「長寿命」

と呼びかけパンフに書かれていることはすべて棟梁や由利さん、白鳥さんが日頃話していることに重なる。どんな人たちに出会えるだろうか。ドキドキしてきた。

車に同乗させてくれたのは、東日本大震災以後、石巻にやってきて大工として復興支援を続けているという杉原敬《たかし》さん・愛称マイケルだった。一九七二年生まれ、なんと息子と同じ年だった。杉原さんの日本人離れした風貌は母親がアメリカ人であるためだが、日本で生まれ日本人として育てられた人で、マイケルは子ども時代に友達が付けたただの愛称なのだというから面白い。以後ネット会員が親しみを込めて呼ぶマイケルという愛称を使わせてもらうことにする。

マイケルは埼玉県飯能市で大工の親方のもとで修業して大工になったという経歴の持ち主だった。

彫刻に惹かれてその道を目指した時期もあったそうだが、大工という仕事にもあこがれがあって、最終的には親方のところで修業する道を選んだ。ひょうひょうとしていて、控えめなマイケルだが、石巻に来る頃までには飯能市ですでに修業を終え、親方から独立して何軒かの家を建てて職人・親方としての実績を積み上げている大工だった。

マイケルの師匠になった親方が伝統構法の担い手だった、と知り、（数少ない伝統構法の大工に出会うなんて偶然にしては奇跡のように思えて）幸運な出会いがあったのね、と感心していたら、母親のバーバラさんがアメリカの大学で文化人類学を学んだ人だと知り、それなら偶然ではなく必然の出会いだったのでは？　と気づいた。

バーバラさんは伝統的な日本文化に興味を持ち、コラムで紹介する仕事に精力的に取り組んでいた時期があり、その頃から日本の伝統的建築の分野にも並々ならぬ関心を持っていたらしいことがマイケルの話からうかがえたからだ。

埼玉県飯能市で大工をしていたマイケルだが、東日本大震災を機に大工の腕を復興に役立てることはできないだろうか、と思うようになり、木の家ネットを通して、石巻の会員・ササキ設計の佐々木文彦さんにつながることができた。佐々木さんは生まれ育った石巻市北上町の十三浜にある自宅兼事務所をすべて流され、「つぐっぺおらほの家づくりの会」を立ち上げて地域材での復興を呼びかけているところだった。

地域が一体となって「北上ふるさと再生プロジェクト」を二〇一二年七月に結成し、「避難所近くに、お母さんたちが買い物できる店と、子ども達が遊べる場所を併設したマーケットをつくりたい！」という地域の要望に応えて We are One マーケットと名付けた建物をつくった。設計は佐々木さん、建築はマイケルが担当した。なおこの建物は Architecture For Humanity の二〇一三年デザインアワードで最優秀賞を受賞している。佐藤尚美さんが代表を務めるこの建物は今も地域コミュニティの拠点となっている。

鶴岡市・あつみ温泉の萬国屋ホテルの会議室が木の家ネット総会の会場だった。はじめに、伝統構法による木造建築を次世代に継承することを目的に設立された「伝統を未来につなげる会」（二〇一一年六月設立）からの報告があった。職人の手仕事の集積である「伝統建築工匠の技」をユネスコ無形文化遺産の二〇二〇年登録の候補として申請中で、そのアピールのためにウェブサイトで「職人宣言」キャンペーンを継続中と知る。

ネットを見ると各地の大工二九名が写真と一口宣言を載せていた。まだまだけっして多いとはいえないにしても一人ひとりが物語を持ってここにつながっていったのだろうと思うと、数の多少よりも大切なことがあるように思えた。

板倉木造仮設プロジェクトの報告に移ると、驚くことにマイケルが説明をすることになった。マイケルは浜の漁師と大工の二本立ての浜暮らしという興味深い生き方をしながら、一方で福島県いわき市の木造仮設住宅を岡山県総社市に移設する動きの中心にいたのだろうか。

板倉構法？　木造の仮設？　今まで聞いたことのないことばかりだったが、新参者だから知らないだけで他の皆さんはよくご存じのことだろうと思いながら、じっと耳を傾けた。

板倉構法による仮設木造住宅

大震災の後に建てられた仮設住宅のほとんどはプレハブで、木造で建てられたのは岩手県住田町だけだったと、とても残念に思っていたのに、福島県いわき市でも建てられたこととして話が進んでいる。そんな大切なニュースを見逃していたのだろうか。説明を聞いているうちに、少しずつ概要がつかめ始めた。

板倉構法について、説明が必要だと思う。いただいた「板倉の家」というパンフレットでは「板倉は、日本古来の神社や穀物倉庫を造ってきた優れた木造建築技術です　板倉の家はそれを応用したものです　材料はスギを使います　………中略………　板倉の家は、大工技能を継承し、伝統的な継ぎ手、仕口を用いて、木を組んでつくります　耐久性があり、増改築がしやすく、解体再改築がしやすく、解体再利用が容易な木造建築　木材の循環的利用をはかります」と簡潔に要点が説明されている。

穀物倉庫？　はて、もしかしたら棟梁が石巻で手掛けた古民家再生の現場で見かけた板倉を指しているのだろうか。二棟の板倉を見た設計担当の佐々木文彦さんは、「丁寧なつくりですねえ、ほら、これは落とし込みという技法なんですよ」と教えてくれたような気がしてきた。「やかまし村」の地主さんの屋敷でも三棟くらい板倉があったので、何に使ったのだろうか、と気になっていたが、思いがけないつながりを見つけた思いがあって、少なからず昂奮していた。

マイケルに続いてお話をされた安藤邦廣氏（筑波大学名誉教授）。お話を聞いて日本古来の構法に目をつけて現代の建築界に古来からある板倉構法に新しい息吹を吹き込もうとしている方らしいことも次第に分かってきた。

安藤氏は一九九五年の阪神淡路大震災の衝撃から、それまで筋交いこそが耐震の決め手と建築基準法でも認められていた在来工法に対して疑問が生まれ、伝統構法に軸足を置くことになったという。それ以後、板倉構法を使って現代的住宅を建てられるように研究を重ね、耐震、防火性、耐久力どれをとっても現代の基準に合っていることも証明できた。保温性、通気性、保湿性についても優れていることが分かったので、賛同者を募って二〇一四年には日本板倉建築協会を結成し、建築界に板倉構法による建築を広く呼び掛けるようになった。さらなる飛躍は東日本大震災に際して福島県いわき市高久第十応急仮設住宅に木造の仮設住宅として初めて採用されたことだ。二カ月半という短い工期で二〇一一年秋には完成し、一躍注目された。

東京電力第一原子力発電所の事故によって地域を離れざるを得なかった楢葉町の人たちが暮らすものだった。プレハブの仮設を写真で見慣れている者にとって、木造の建物が並んでいるまちの風景は仮設住宅という概念を忘れさせるもので、懐かしさとともに心休まるものに見えた。同じ二〇一一年の夏、奥会津で集中豪雨による洪水で家を流された人たちの家も会津若松市に建設されたので、いわき市のそれと合わせると一九八戸の木造仮設住宅が建設されたことになる。

この応急仮設住宅も役目を終えて、新たな段階に入っているのだが、この仮設住宅が気に入って、仮設二戸を一つの家に改造して町内の住宅地に移っていった家族も複数あるという。

どうして宮城県では一軒も建てることができなかったのに、福島県ではできたのだろうか。

総会会場での発言だけではつかみきれなかったが、のちに入手できた一般社団法人日本板倉建築協会による年一回発行の機関誌『いたくら』創刊号（二〇一五）～四号（二〇一八）が詳しく教えてくれていた。

「二〇一一年の大震災による『想定外』の被害に遭った岩手・宮城・福島の三県では、プレハブ仮設住宅だけでは供給が追い付かないことが明らかになり、それぞれで仮設住宅建設のための公募が実施された」とあったが、すぐ福島県での実例のみが記されていて、宮城県の場合、どのような動きがあったのか、書かれていなかった。福島県の場合、プレハブ建設協会が可能とした一万戸での不足分四〇〇〇戸について県内事業者に広く公募をかけ、二七事業者からの提案のうち一二事業者が選ばれ、県産材の使用、解体移築後の再利用も可能な利点などが評価され、板倉構法による仮設住宅もその一つになったとある。前述のいわき市と会津若松市の仮設住宅だ。

板倉構法の壁の造り方が木組みといっても従来の伝統構法に比べて、プレハブ的要素が強いことが仮設住宅に適しているとして採用の条件になったと思われる。板倉構法の壁のつくり方はいたってシンプル、柱に溝を彫り、そこに横板を次々に落とし込むだけなのだ。

四寸角と一寸厚の板を組んでつくる構造だから、つくるのも分解するのも実に簡単で、工期は当然短い。板を厚くすることで保温性、保湿性、耐震性を確保している。屋根の断熱には茅が使われたりするという。

『いたくら』三号では板倉構法による仮設住宅の再利用について研究者が解体現場を一日かけて観察・調査をきちんとした上での考察が載っていた。

「躯体・外装を何度も使いまわす規格型プレハブ」仮設に木造仮設が本当に太刀打ちできるのか、をきちんと知りたい、とは誰もの思いだ。木造の仮設にはプレハブにない住み心地のよさがあるのは、大きい利点であるのは確かで、木造では使いまわしができないだろうということで、住まいの心地よさをあきらめて緊急時の必要悪としてプレハブが選ばれてきたと想像するのだが、ただ雨露をしのげればいいというのでは精神的ダメージを大きく受けている被災者の住宅には向かないという反省もあっての木造仮設なのだ、と思う。

解体後の再利用に使うのは、木材（土台・杭は除く）と屋根葺き材に限られていたが、「釘抜き」が不要だったので、ほぞの部分に一部損傷が見られたとはいうものの予想通り難なく早々と終わった。一般の住宅に比べ、三倍の木材を使うという板倉構法だが、その八割は再利用できることが分かった。

伝統木構法と違うところは、板はプレカットで刻み、左官の仕事である塗り壁はなくなったということかと思う。伝統構法に欠かせない左官の仕事と継手、仕口の大工による手刻みの技の継承をどうしたらいいのか、という問題が残るが、災害が絶え間なく起き得る時代を迎えるとしたら、木造仮設を一戸でも多くつくることのできる体制を整えるために板倉構法の家を広めたいという思いを持つ。

先ほどのマイケルの話にもどろう。いわきの仮設住宅が役割を終えたので、岡山県総社市で集中豪雨の影響で家を流された人たちのために移設する話だが、昔ながらの建て方をした伝統構法による建物は金物を使わないので、今の新建材による建物と比べて再利用が容易にできるという特色を持つ。棟梁の古民家再生の仕事にもその技術が生かされていることは見てきた。しかし、板倉構法の家の移築はそれよりも簡便だ。いわき市から総社市への移設のプロジェクトの話が生まれたのも当たり前のことに思えるが、マイケルの話だと木の家ネットを通して呼びかけると、全国から延べ一〇〇人ほどの大工が仕事を繰り合わせて駆けつけてボランティアとして仕事をしてくれたという。

会場に来ていた何人かの大工が次々発言した。今までネットの集まりで話はしていても一緒に仕事をしたことのない者同士が、一緒に同じ目的を持って仕事をするという体験は何物にも代えがたいと思うほどに楽しかった！　とどの人も話すことに心を動かされた。伝統構法の建築を志している大工といっても、個人差、地域差、それぞれ違う人たちがお互いの仕事ぶりを見ながら、ともに働く、そんなまたとない体験をしたのだ、稀有な体験だったともいえそうである。それに被災した人たちに少しでも支援ができた、と思える仕事だったからよけいに充実感があったろうな、と推測した。

初めて知った板倉構法での家づくり、それが仮設住宅に採用されて、その良さが広く知られるようになった。今まで知った伝統構法の中でも、もっともスギが多く使われる構法ではないだろうか。一般の住宅の三倍のスギが使われるとあった。

戦後大量に植えられた人工林のスギ、ヒノキが伐採時期を迎え、高いから使えないと敬遠されていた国産材の価格も下がっているのに、建築材としての使用が伸び悩み、悪くするとチップやペレットにされてしまいそうな動きしか見えない今、板倉構法の家は救世主として現れたのではないか、とすら思えてくる。

板倉構法という言葉もその構法を使って福島県に木造仮設住宅が造られていることも木の家ネットの総会に参加したからこそ知る機会を得た私だったが、実際の知名度はどのくらいなのだろうか。気になって旧知の新聞記者に聞いてみたところ、知らなかった、仮設住宅はプレハブでないと建てられないと信じていたので注目してこなかったせいだと思う、という答えだった。私には一、九八〇戸もの仮設住宅と思われたが、一般的にはたったの一九八戸としか写らなかったとも考えられる。だから気づかない人が多かったのだろう。

「伝統木構造の会」の会員でもある由利建築士にも聞いてみた。由利さんは安藤邦廣氏が板倉構法を提唱された直後から注目していたようだった。在来工法では必須になっている筋交いが好きになれなかったので、興味を持ち、板倉構法で二軒の家を建てた。今は倉などの小規模な建物には馴染む構法かなぁと思っている。住宅でももちろん十分使える構法なのだが、由利さん個人としてはやはり「貫」や「木舞」を使って「土壁」とするのが理想だと思える。土壁は構造だけでなく断熱や意匠としても優れたもの、という気持ちが大きいからだという。

木の家ネットの会員の人たちの気持ちを聞く機会はなかったが、ほとんどの会員は由利さんのような気持ちを持っているのではないか、と思えた。

月山を望む家を見学

総会二日目は番匠・剣持大輔さんの建てた月山を望む家を見学できた。大輔さんは「番匠　剣持工務店」の二代目、父親の猛雄さんは「現代の名工」にも選ばれた優れた大工で、「伝統木構造の会」の主要メンバーの一人だという。一六世紀半ばに建てられた山口県にある瑠璃光寺に関わった棟梁が番匠と呼ばれていたように記憶する。その後番匠という言葉は使われなくなったようだ。猛雄さんは敢えて番匠を名乗り、伝統構法による住宅をつくり続けたいという決意を表したのかもしれない。「現代の名工」に選ばれても、「私は名工ではない。ただ普通の家を建ててきただけ。大工にとって一般の住宅が第一だと思っている」という父親のもとで修業した大輔さん。石場建てや手刻みは当たりまえのことだったという。施主さんから、予算がないからプレカットで、と要求されたら、それなら他の人に頼んで下さい、と我がままかもしれないけど、丁重に断るという徹底ぶりだ。

猛雄さんはこれまで十数人の弟子を住み込みで育ててきた。その中に大輔さんもいたわけで、大輔さんは母親の大変さを見ているだけに、自分は住み込みの弟子は取らないという。猛雄さんの世代で住み込みの弟子を育てた親方は少ないのではなかろうか。次世代のことまで気にかけて仕事する気骨のある人だったに違いない、だから大輔さんのような後継者も育てられたのだろうと思えた。

鶴岡は農業の分野では先進的な農業者が多くいて切磋琢磨《せっさたくま》しているさまを農業者の集まりを通して見てきた。そうした地域の風土と剣持さん親子の仕事ぶりはつながっているようにも思える。

私たちが見学を許された家は母屋は南向きにしたいが、そうすれば日々月山を眺めながら暮らしたい！　とする施主さんの希望に添えないと考えた大輔さんの冒険心から生まれたリビングの向きを三角形に張り出すという設計だ。一級建築士の資格を持つ大輔さんだから、みずから設計したのだったが、生半可な大工の技術では建てられない建物らしく思われた。リビングで上を見上げると複雑に交差した柱が目に入ってくる。「一尺角大黒柱に七方差し」という手法と聞いたが、素人にはチンプンカンプンである。

佐藤棟梁のエピソードを思い出し、棟梁ならきっと難なく建てられるのだろうな、とぼんやり考えていた。伝統構法による民家の建築が少なくなっている今、修業に欠かせない現場が減って、モデルにする建物を見る機会はもちろんのこと、自らの腕を磨く機会も少ないから、前日、木造の仮設住宅移設に協力したことを発表した大工さんたちにとって何物にも代えがたいほど意味のある見学場所だったのではないだろうか。

吹き抜けになっているので、木の柱の中をくぐりながら二階に上がる。それはまるで木にかこまれた森の中を巡り歩きながら登っていくようにも思える、楽しさだった。外壁は白い漆喰が目にまぶしい土壁だった。

月山といえば、出羽三山の一つ、古来信仰の山として慕われてきた。その山を日々眺めながら暮らせるというのはどんな気持ちなのだろう！　と思いつつ辞去した。

『いたくら』（創刊号から四号まで）を見ていると短い間によくもこんなに！　と思うほど板倉構法による建築物が、仮設住宅はもちろんだが、民家や店舗、公共建築物までも、掲載されている。

染色家・芹沢銈介の家

『いたくら』四号に宮城県登米市の農家の板倉を譲り受け、自分の好みにあわせて改築し、住まいの一部に取り込んだという染色家・芹沢銈介の家が多数の写真入りで紹介されていた。最初は東京・蒲田の自宅敷地内に建てられたが、芹沢没後、静岡市登呂にある芹沢美術館のそばに移築された。登呂遺跡と隣り合わせにあるというのも興味深い。登呂遺跡が高床式穀物倉であったように板倉も穀物倉庫だったというのは絶妙な取り合わせに思えた。

幕藩時代、江戸で消費される米の三分の一は伊達藩からのものだった。その米の出荷調整のため、また数年に一度ヤマセにより引き起こされる冷害に備えるために、各農家で一時的に備蓄する必要があった。コメの品質を低下させずに貯蔵するには、通気性がよく湿度がコントロールされる板倉

宮城県登米市の農家の板倉（籾倉として使っていた）に「用の美」を見出し、東京蒲田に移築して住まいとした染色家・芹沢銈介。簡素な構造に工夫をこらした美しい住居の見学会は人気がある。写真は玄関の外観と内部。（写真下は芹沢銈介美術館提供）

がよかった。宮城県には居久根《いぐね》（屋敷林）を持つ農家が多いが、その居久根に植えられたスギを間伐して板倉をつくった。大きな農家では五、六棟の板倉を持っていたという。ここにきて、私が宮城の農家ではなぜいくつもの板倉を持っているのだろうか、という疑問がやっと氷解したのだった。宮城の板倉はよそに比べて大きいのだそうで、その説明にもかなっていた。

立派な古民家ではなく簡素な板倉に魅力を感じたのも芹沢らしく、改築にあたっては柳宗悦の示唆でつくられた部分もあるという。カマ神さまも飾られ、その雰囲気に溶け込んでいた。外側に置いてある鉄製の椅子は倉敷の大原美術館でも見かけたもので懐かしかったが、工芸館の方のデザインは芹沢が手掛けたと聞いたことを思い出した。

メインの住居は伝統構法による和の建物だが、よく見ると襖には葛布が使ってある、という風に芹沢らしいセンスに満ちている建物だった。

これからの森とこれからの日本の建築

佐藤棟梁に出会い、由利建築士に出会い、白鳥さんのような森と木を考える営業マンに出会い、それまで持っていた森林に対する考え方を大きく変えることになり、日本の林業家として森を支えてきた人たちの仕事を視野に入れて考えることができるようになってきた。

日本の森がどのように移り変わってきたのか、はすでに書いてきた。木材の消費を限りなく増大させた先の大戦のあと、荒廃した山に緑を取り戻すために拡大造林というかけ声のもとに強制的ともいえる手法で木を植えてきた我が国だったが、単一樹種の人工林の約四割は手入れもままならず荒れ果てた状態だという。しかし、その一方で五割以上の森では五〇～六〇年生のスギやヒノキが成熟期に達して伐採を待っている。こうした背景に国産材の活用に今までは考えられなかったような熱い視線が注がれているのだと分かるようになった。

国産材を使おうという動きが官民ともに活発な動きを見せ始めている現在にあっても、需要の七割は外材に頼り、国産材の利用は三割に満たない現状が続いているといわれている。一挙にたくさんの住宅を建てて、多くの人に売るために最適のシステムをずっとつくり続けてきたのだ。そのための工夫や技術は見違えるほど進化しているはずだ。製材工場も大規模にして、邸ごとにすべての部材をパックにして届けるシステムすらつくられていると聞く。工期の短縮なんて問題ではなくなっているのだ。熟練の大工はすでに少なくなっているし、いなくてもできるように組み立てられている。

「大工は名を残さず、仕事を残すもの」という昔からの大工の合言葉が身体に刻み込まれている佐藤棟梁は、昔の大工が自分の建てた家の見えないところに自分の名前と建築日時などを棟札に書いて天井裏などに残してきたという流儀を貫こうとしている風に見える。もっと前に出ていけばいいのに、と思うところでも、大工は前に出ないものなんだよ、といって後ろに引っ込む。仕口や継手など目のある人が見れば、言わなくても建てた棟梁の仕事を分かってくれる、と思っているのだろ

う と推察するだけだ。

「やかまし村」完成見学会に配布されたパンフにも棟梁の名前は載っていない。「施主　学校法人仙台みどり学園、設計　由利設計工房、施工ＳＫホーム株式会社」とあるのみなのだ。

仙台市のあちこちに、十数社のハウスメーカーが棟をならべて我が社の利点はここにあり、という風に競っている住宅展示場があるが、そういう場には出展しないので、家を建てたいと思って展示場に出向く人の目に触れる機会はない。

長女の家を建てているとき、熱心に見に来る女性がいたので、どこで知ってきたのだろう、と興味深く思い、尋ねたら、

「あちこちの住宅展示場を訪ねて歩いたんですけどね、どこの展示場でも、私の思っている家と違うものばかりで、ぴったりするものがなかったんですね。偶然由利さんを紹介してくれる人に出会って、話をお聞きしているうちに、私はこういう家に住みたかったんだ！　と気づいたんですよ」

「まあ、そうなの。出会えて本当によかったわねぇ！」

由利さんも大々的な宣伝をしない建築士だ。顧客はほとんどがクチコミだという。今はネットという便利なものがあり、ホームページもなかなか充実していると思うし、大学や専門学校での教え子も増えてきているので、知名度は増してきていそうだが、由利さん本人が仕事をどんどん増やしていくことよりも、ひとり事務所でできる範囲の仕事をしていくことをモットーにしているようなのである。

どんな家に住みたいか、というアンケートに対して、七割以上の人が木造住宅に住みたいという回答があった、という調査報告から、日本人の多くができたら木造住宅に住みたいと思っているらしいことは前に書いたが、現状では木造住宅といっても、無垢の木を使って伝統的な建て方をする大工や工務店に出会う機会に恵まれるのは僥倖といっていいほどの低い確率になっていることも明らかになった。

二〇年近く前のことになろうか、仙台市中心部にある曹洞宗の名刹を訪ねる機会があった。そびえ立つほどに立派な外観のお寺の内部に入ると、立派な柱もすべてコンクリート仕様だったことを発見したときの衝撃は大きかった。「消防法の関係で防火地域の寺では木造建築は許可されないのですよ」と教えられたが、信仰心が格別篤い人間ではないのに、がっかりしてしまったことを思い出す。こういうのが日本人の感覚なのかもしれないなあ、とその事実に自分自身が驚いたのだった。ありがたさを感じられないまま辞去した。ビルに入ってもビルとはこういうものだ、と当たり前に思っているので、何の違和感もないのに、お寺だと過敏に反応してしまうのは、寺院神社は木造建築が当たり前と思ってきたためだろうか。私のような日本人は多いと思う。

二〇〇〇年の建築基準法改正によって、防火地域においても条件によっては中高層木造建築実現が可能になった。二〇一〇年には「公共建築物等に置ける木材利用の促進に関する法律」がつくられているので、今なら前記の寺でも木造建築が可能かもしれない。

佐藤棟梁は隣の長女の家を建てる前に、仙台市郊外に大きなお寺を建てている。設計図は自分の頭の中にあってね、と昔ならそのまま建てることもできたらしいのに、今は法律の縛りがあるので、棟梁の頭にある設計図を専門家が作図した、ということだった。頭の中にある設計図とはどんな風なものだろう、自然に三次元の世界が頭の中に建ちあがってくるのだろうか、そんなことを可能にしたのは単に経験の積み重ねでできるようになるものかしらなどとぼんやり考えながら、棟梁の話す言葉に耳を傾けていた。贅沢過ぎると思うほどに木が使われたお寺に思えたが、古寂びていればもっとありがたさが増したのに、と心の隅で思ったのは、時というフィルターを通ってきたお寺ばかりを見てきたからだと思う。

お寺は特別としても、普通の感覚として住むなら木造住宅と思っている日本人が七割を超えているというアンケート結果があるにもかかわらず、伝統構法による木造住宅の普及率が驚くほど小さい事実とその原因についても書いてきた。

多くの日本人が住めるなら木造の家に住みたいという思いを持ちながら、現実にはそうなっていない。政府の方針が国産材を奨励する方向に転じても、依然として国産材の使用が進まず、外材輸入も止まらない、木材自給率は、二〇一六年には三四・八%と回復傾向にはある、という見方もあるがその原因についてさまざまな意見を聞いてきた。この本でも少しずつ触れてきた。戦後の日本林業が歩んできた道は戦後の日本社会の在り方をそのまま反映しているので、戦後社会を生きてきた私たち一人ひとりが戦後をどう生きてきたかに思いをはせながら、考える課題のようにも思えてきた。

建築や、林学にかかわる大学教育の在り方を問う意見、国家の林業政策の在り方を問う意見など、聞けば聞くほどにその課題の大きさに押しつぶされそうになったり、絶望的な思いにとらわれることもあった。しかし、一方で佐藤棟梁や白鳥さん、由利さんのような人たち、林業を守ってきた人たち、林業の世界にある旧弊なものと闘いながら改革を試みている人たち、林業の世界へ飛び込んでくる若者たちなど、今を生きるそういう人々の生き方や彼らの発するメッセージが次から次へと聞こえてくるようになると、生き方の座標軸をもらったように思えて一つの希望が生まれてきた気がする。

木を伐ってはいけない時代を経て木をもっと伐れ、と勧める時代への転換を歴史的な大転換だとする意見がある。確かに木が育ってきて隙間もないような人工林では、災害防止の役割も果たせないし、木材として使いにくい状態だから、木を伐って森を整備する必要があるのは事実だ。しかし、ここで何度も山の木を伐りすぎて禿げ山にしてしまった私たちの国の歴史を振り返って、二度と同じ愚を繰り返さないように心を注がなければいけないと切実に思う。

集成材の需要が高まっているとして、次々に大きな製材工場がつくられているといわれるが、それらが稼働し始めると絶えず供給される原木の必要性が高まる。原木を求める動きが加速されるだろう。その結果、不必要な伐採も進められのではないか、と憂慮する声を耳にすることが増えたように思っていたら、とうとう起きてしまったか、と思う嘆かわしい記事を次々に目にした。

「違法伐採　全国で続発」（河北新報　二〇一七年一二月九日）「木材の『盗伐』相次ぐ」（朝日新聞

二〇一八年八月三一日）というタイトルの記事である。二〇一四年ころから目立ち始めた事件で、多くは伐採届を偽造し山林を所有者に無断で伐採し盗むという手口だとあった。山に人がいなくなったので、やりやすくなった犯罪だといえそうだ。

アジア各国への輸出の増加、再生可能エネルギーの固定価格買い取り制度、木質バイオマス発電所、大型木製パネル「ＣＬＴ」の好調などで木材価格上昇したことや山林の境界線があいまいなことが犯罪を誘発しているのだった。

何ということだろうか。山林所有者が五〇年手塩にかけて育てた木々をお金になるからとただそれだけの理由で盗んで売り払う者がいる！　信じがたいことがあちこちの山で起こっているのだ。

今年の夏以降集中豪雨の影響で山崩れが頻発するようになった。直近では北海道で豪雨と震度七強という地震によって大規模な山の斜面の崩壊に直面し、自然の猛威の凄まじさに翻弄されている日々だから余計に悔しい思いが募る。

識者の「被害に遭わないためには、自分の山に興味を持って情報を集めるしかない」「行政の監視が追いついてない。体制の構築が急務だ」などというコメントが載っていた。専門家でも解決策を一言で言えないほどの難題なのだということが分かる。

専門家ではない素人としてはとっぴなように見えるかもしれないが、木は生きものだという感性を幼い頃から当たり前のこととして身に付けられるような環境をどのような形であれ、用意できるかどうかにかかっているように思われる。

戦後のこれまでの大学建築科の教育は鉄筋コンクリートの建築に重点が置かれたため、木造建築は顧みられることなくずっときた。そして伝統大工が当たり前に身に付けるもろもろのことを全く教えられることがなかった。鉄筋コンクリートの世界では木が使われることがあっても工業製品の一部としてしか見られることがなかった。生きものである木にはひとつとして同じものがない、という自明のことがとらえられず、それは木材の欠陥と思われた。こうした不幸な出会いをなくしていくような教育の在り方へ目を向ける専門家の姿がとらえられるようになった。

幼児期から木に囲まれて、木の肌触りやぬくもりを感じさせる木造建築の幼稚園や学校の建設を進める呼び声が大きくなるとともに、それに応えるかのようにあちこちで建てられているようである。〝森のようちえん〟をつくる動きも広がっているようだ。こういう環境で育てられた子どもたちはきっと木を生きものとして感じる感性を持って大人になっていくのではないか。迂遠《うえん》のように思えることが実は近道だった、ということは大いにあり得るのだと信じたい。

白鳥さんは木を伐ったら植えるのを忘れないでと口癖のようにいう。木は生育時に温室効果ガスの主役である二酸化炭素を最も多く吸収し酸素を排出する。木を伐っても燃やさないで、建物の木として使われると、木は炭素を蓄えた状態を続け、地球温暖化防止の役割を担う。

ここまで書いて、今の住宅団地に引っ越してきた頃に見たある風景が蘇ってきた。団地のまわりを散策していると、杉林にぶつかり、見ると市内の中学校の名前が書かれていた。

学校林がこんなところに、なぜなの？　不思議に思っていると、その中学校の卒業生だったという人が、中学時代に勤労奉仕みたいなものがあってここに来た覚えがあるよ、と遠い記憶をたどって教えてくれたことがあった。拡大造林の時代だろうか。分収林だったかもしれない。その後の手入れがされなかったのだろう。細い杉ばかりが頼りなさそうに林立していた記憶がある。やがて団地のまわりは大手開発業者の手によって元の姿をとどめないほどに変わってしまった。学校林の記憶を持っている人がどのくらいいるだろうか。

今の住まいに住み始めたのが一九八〇年、その頃すでに細く弱々しいスギ林だったが、私の背丈はとうに越していたように思う。いつ頃植えられたのだろうか。一九八〇年に小学校の社会科教科書から、農林漁業の中で「林業」の記述が削除されるという事件があった（国会でも問題になり、林野庁や日本林学会（現・日本森林学会）や林業関係団体などからの強い抗議があり、一〇年後にようやく復活）と知ると、その頃の時代背景が一層よく見えてくる。一九五〇〜六〇年頃に分収林として植林されたのではないか、と想像しても、木を植える大切さを中学生に体験してもらおうと計画されたものではなかったことは確かである。

全国一斉拡大造林にまい進した時代、植林をしなければ非国民とみなされるような雰囲気だったともらす林業家もいた。その疾風に学校教育の現場も巻き込まれたということだったろうか。

ここでふと考えた。学校林！　とてもいい響きではないか。森林の二酸化炭素吸収機能の役割が注目される現在、中身を環境教育の場に変えて、成長期の子どもたちが木のいのちに触れあう場にできないだろうか。数校に一つの学校林を配置し、交代で木を育てる。今の中学校の現状を考えると夢のような話ではある。所有者の分からない森が多すぎて社会問題になっているということだったので、そういう森林を学校林に開放してはどうだろうか。国土の六七％が森林という国の教育行政が子どもたちに林業を教えないという決定をするという愚挙を二度と繰り返してもらいたくないと思う気持ちに共感を寄せてくれる人は多い気がする。中学高校時代という多感な時代を受験勉強一色で塗りつぶしてしまうのでは、あまりにもったいないという思いもある。夢のような話だが、一考に値しないだろうか。

《コラム》

植林のＤＮＡなのだろうか

今から三〇年ほど前のことになる。雑木林に囲まれていた新興団地に住んでいた私たち住人は、まわりの雑木林が次々に伐採され、新しい住宅地が誕生するのを複雑な気持ちで見つめていた。我が家を開放したかたくり文庫に来る子どもの中に、毎回のようにカブトムシの載っている本を借りていくい少年がいた。お母さんは近くの雑木林にカブトムシの幼虫を探しに行くのが一番の楽しみなんですよ、と教えてくれた。

学校の眼下に広がる緑豊かな山が、たちまちのうちに宅地として造成され、消え去っていくことが子どもたちの目にはどのように映るのか、大人不信につながらないか、気になった。同じ思いの母親たちで話し合い、放っておいたらブルドーザーの餌食になるほかない雑木林の樹々を新設校で樹木が少ない中学校の校庭に移植したいと提案した。親たちの間にもそんなこと不可能だと反対を唱える人たちがいたが、何事も前例のないことをしたがらない学校側の説得に成功して、樹木救出作戦が始まった。

ＰＴＡの母親たちが動き始めると、驚くことに次々と協力の申し出があった。まず宅地開発業者と雑木林の所有者だった人たち、そして校庭で練習をしていた野球チームのメンバーたち、いつもは参加することがまずないＰＴＡの父親たち、先輩ＰＴＡ会員たちという風に。餅は餅屋というわけで、開発業者がお手のものの重機を動かし、トラックで運んでくれた。男たちの労力奉仕がなによりもありがたかった。

大勢が汗をかいて大きな仕事をなし得た体験は何ごとにも変え難い。人々の心の中には、やはり森が失われることへの埋め難い喪失感があったのではないだろうか。

その後発行されたＰＴＡの広報誌には「贈られた木の記録」が載っている

「現在校庭に植えられている木」
総数　五四種類　七〇三本
内　今年植えた木　三七四本

として、木の名前と本数、植えた場所もすべて書いてある。

（『吉成中ＰＴＡ』第一八号　昭和六一年一二月二四日発行）

最近、同じ校区の若いお母さんと親しく話をする機会があったので、校庭の樹々のことについて話してみたところ、

「えっ、そうなんですか？　そんなこと考えもしなかった！」

考えてみると、私たちの植林活動は私たちの住居を建てるために伐り払われた樹々を植え直すことだったのだから、これでいいのだと思った。でも大勢の人が同じ目標を持って汗を流した体験ほど楽しいものはないはずだ。こういう体験だけは何らかの形で伝えられないものか、と思った。

《コラム》
ＦＳＣ認証とは

ＦＳＣ（Forest Stewardship Council）認証は「世界自然保護基金ＷＷＦ」を中心に発足した「森林管理協議会ＦＳＣ」という国際組織（一九九三年設立）によって制度化されたものだ。この制度は、第三者機関が森林管理の方法をあらかじめ設けた基準によって審査し、環境に配慮しているかどうかをチェックするもので、例えば、成長量以上の木、あるいは無駄な木の伐採はしていないか、伐採跡地にちゃんと再造林しているか、薬物の使用状況とか水管理なども調べるそうだ。その国その地域の森林関連の法律に違反していないことや産地の証明も行なうという。もともとは熱帯雨林を守るためにつくられた制度だったそうで、欧米のほとんどの林業地がすでに認証を受けている国際的に権威のある制度である。

このＦＳＣ認証を日本で最初に受けたのが速水林業の速水さんだ。速水さんは早くから国際的な場で世界各国の林業や林産業者に接していたから、彼らが第三者認証を積極的に取得したいと考えていることにいち早く気づいた。国際的な視点から日本の森を見直すチャンスにしたいという思いに加えて、現在の厳しい林業経営をどうにかしたいとの思いから勉強を積み重ねた末に二〇〇〇年に日本で初めての認証を取得したという森林認証のエキスパートだ。

我が国独自の森林認証制度もあり、「一般社団法人緑の循環認証会議ＦＧＥＣ」が行なっている。いずれはＦＳＣとＦＧＥＣとの相互承認が可能になるはずであるが、今のところは森林面積に占める認証森林の割合は数％にとどまり、欧米の国々とは格段の差がある。

ＮＰＯという組織を広め、法人化への筋道をつくるにあたってまず動き出したのは民間だったが、ＦＳＣ認証制度も速水さんのような民間の力によって始められた意義は大きいと思う。

《コラム》

徒弟制度

かつて職人は親方のもとに住み込み、何年かの厳しい修業を経た後に一本立ちして一人前の職人になる、とされていた。徒弟制度と呼ばれ、今の時代から見たら、人権無視も甚だしい修業を何年間か経験しなければ一人前の職人になれないとされていた。

佐藤棟梁は、中学卒業後五年間は父親のもとで修業の日々を送っている。その間は親父を親父と思ったことはないという。それほど厳しい修業の日々だった。その後、弟子が四〇人も五〇人もいた叔父でもある棟梁のもとで働いた。すでに結婚していたが、叔父は父親に仕込まれた腕を認めて、大勢の弟子たちの仲間に入れてくれ、一緒に寝泊まりした経験を持ったことを懐かしむ。

北上川の茅葺き専門会社・熊谷産業では、全国の重要文化財などの仕事をこなすようになって、その技術に惚れ込んで弟子入り志願者が増えてきた。芸術系や技術系の大学を出た若者が多いらしい。そこで三年間は寮生活をさせ、自炊を義務づける。どんな現場に行っても困らないようにするためでもある。先輩後輩の規律や、年下の者が全員の食事をつくる。一年間は見習い、次の二年は試用期間。その後は自由だという。

気仙大工の学校をつくりたいと動いている人たちの存在を微かに耳にしている。その困難さになかなか前に進んでいけないのだろうとも想像する。でもやはり希望を持ちたい。

《コラム》

居久根《いぐね》って知っていますか？

いぐね、仙台に住むようになってから知った言葉だから、知らない人の方が多い言葉だろうと思う。仙台に住んでも街中にいるだけでは気がつかないが、少し郊外に出て、田んぼの風景が広がる風景に身を置くと、屋敷林を北西に背負った大きな家をそこここに散見することになる。田植え時に空から眺めると、湖の中に緑の小島が点在しているようにも見えると思う。

「この地方では〝いぐね〟と呼んでいるんだよ、漢字では居久根と書くのだがね」

と教えられた。居久根！　北国らしい表現だ。ぴたっと胸に収まる言葉に思えて、それまで使っていた屋敷林という言葉がひどくよそよそしく思えるようになった。居＝家、久根＝地境で屋敷境という意味だという。ほとんどが宮城県にあるが、岩手県、福島県、山形県の一部にもあるといわれている。

やかまし村の地主さん方の居久根のスギの一部が伐られた。伐採業者は薪にするぐらいですな、というだけだと地主さんは納まりきれない気持ちを佐藤棟梁にぶつけた。それは忍びないと棟梁はそのスギを譲り受け、製材所に運んだ。効率一辺倒の会社であったら、一本や二本の木をトラックで製材所まで運ぶなんてことはしないと思う。そんな半端仕事を引き受けてくれる製材所も今はなさそうでもある。製材の現場に偶然立ち会うことになった。やがてそのスギはやかまし村の園舎の大黒柱や園児のかばんなどの収納家具になって再びのいのちを生きることになった。以来、そこそこに散在する居久根の行く末が気になっていた。

本文で繰り返し書いた山の話と同じようなことが居久根でも起こっていることを最近地元の河北新報の記事で教えられ、思っていた以上に居久根は今や危機的な状況なのだと気づかされた。

夏の暑い日に居久根のある農家を訪れたとき、

案内された居久根の木立の中が別世界のように感じられ、生き返ったような思いをした経験がある。

冬は寒い北風から暮らしを守ってくれ、夏は涼しさをもたらしてくれる居久根だが、毎日の暮らしと深く結びついていた時代ではなくなり、若者は仕事を求めて外に出ていくようになり、高齢者だけの暮らしでは居久根を持ちこたえる力がなくなってしまったのである。

今年世界農業遺産に認定された大崎耕土の居久根のほとんどが樹齢五〇年を超し、伐採時期に達しているが手が付けられず倒木するものもあり、切り払ってしまったという農家の話も伝わってくる。

今は環境問題として、または風景としての美しさから語られることが多いが、それを持続させてきた住民の立場に立ってみたら、ありがた迷惑な話であったかもしれない、私たち都市住民がどうしたら当事者になれるだろうか、などとぼんやり考えていたら、興味深い本を紹介された。

『代官の判決をひっくり返した百姓たち　仙台藩入会地紛争』（支倉清・支倉紀代美）である。著者夫妻は自身の家系が支倉常長にどのようにつながっているのかを知りたい気持ちで古文書に取り組み始めたところ、仙台藩桃生郡北村と隣村の広渕村との入会地で元禄年間（一六八八〜一七〇四）に起こった「いぐね」をめぐる紛争の記録を発見した。興味をそそられ、ルーツ探しはひとまず置いて、慣れない古文書の読解に日夜取り組むことになった。お二人が悪戦苦闘の末に見出したのは、意外な事実だった。

入会地紛争という表題を見てとっさに浮かぶのは、入会権をめぐる争いだが、ここで問題になっているのは入会地内に新村・北村誕生とともに形成されたいぐねを隣村・広淵村の百姓たちが伐採したことで始まった紛争だ。背景には仙台藩開府以来、進められてきた新田開発・人口急増に伴う深刻な燃料不足があった。薪なくしては日常の暮らしは成り立たない。百姓たちの争いはやがて暴力沙汰に発展し、北村方に死者まで出す事態をまねく。北村の百姓たちは肝煎を通して代官に訴えるも、出された判決は広渕方に偏ったものだった。収まらない北村の百姓たちは公平な判決を求めて戦い始める。

本書では、著者の説明文にはいぐねというひらがな表現が多く使われているが、百姓の訴状ではいぐねという言葉はほとんど使われず、魔除け、風除けの林という表現の方が多いのも興味深い発見だった。当時の人々にとって聖域扱いをするほど価値のある存在だったことが読み取れる。

なぜ、代官や大肝煎は広渕に味方するような判決を出したのか、当時の状況を見ると、新田開発が進み、人口が急増する中で、薪の絶対量に限りがあったといえようか。近在で広渕村が一番燃料不足が深刻だとの認識があったので、北村の筋を通した訴えを認めたくても認めることができなかったのだ。しかし、薪にする雑木を失うことは死活問題に直結する重大な問題だっただけに、北村では和解までも拒否して一歩も引かない姿勢で代官の怠慢を指摘し続ける。

ここで垣間見えるのは、代官や肝煎には問題解決能力はなく、願わくば村と村の間で解決してほしいと願うネガティブな姿勢のみである。今まで知られていた藩政時代の百姓像と全く異なる実像を知った著者夫妻はどうしても世に知らしめたいと思われたに違いない。

薪が石炭、石油に代わり、急速に居久根の存在価値が失せ始めるまで、居久根は聖域ともいう存在だった。居久根の今後を考えるよすがの一つにならないだろうか。

あとがき

仙台に家族で住むようになってあっという間の半世紀だったようにも思う。この間に二〇一一・三・一一があった。望んで東北を選んできたのだったが、いつの間にか東北の視点で見聞きし考えている自分に気づくようになった。仙台に来て間もなく夏の唐桑半島で、思いがけず唐桑御殿に出会って、気仙大工のことを知った。心に残る出会いではあったが、心の片隅にかすかに残っていたとしても毎日の暮らしの中に溶け込んで次第に遠い記憶になっていた。

その遠い記憶がおよそ五〇年のときを経て現実味を帯びて目の前に現れたのである。少なからず昂奮した。プロローグのところで書いたように、こちら側にも会いたいと思う条件がかなりそろっていたということもあった。

長女の家づくりを通して佐藤棟梁、由利建築士、白鳥営業部長と親しくお話しできる機会に恵まれた。佐藤棟梁と由利建築士についてはなんとかまとめることができたが、白鳥さんは難しかった。

ハウスメーカーが二〇〇〇万円の建築費で建てた家の木材の総額は一〇〇万円程度だといわれている。大勢の社員と巨額の宣伝費をつぎ込むので、建築資材費は少しでも安く上げなければいけない。だから製材業者からは材木を買いたたいて仕入れているのだという。コマーシャルの多さは感じているが、本当にそんな額なのだろうか、私には信じられない数字に思われて、業界に詳しい人に聞いてみたら、大体当たっていますね、と即答された。

翻って考えれば、白鳥さんは〈興建ハウジング〉の営業と広告宣伝を我が身一つに背負って忙しく動き回っているようで、自分のことはいつも後回しになってしまうようだった。白鳥さんはこう考えているのではないか、と思いながら書いた部分が多くなってしまった。許していただきたい。

佐藤棟梁には故郷の陸前高田での東日本大地震という未曽有の地震と津波による想像を絶する体験からやっと立ち直ろうとしているときにお会いしたことになる。それまでの棟梁を知らないので、間違っているかもしれないが、ある決意を持って仕事に臨もうとしていらしたように思う。職人魂、もっといえば職人の矜持といえるものなのかもしれない、ある種の気迫を感じる瞬間が何度かあった。「やかまし村」と同じ時期、寺院を建ててほしいという注文があったが、棟梁は敢えて「やかまし村」を選んでくれたことを後で耳にした。大震災を経験してなによりも子どもたちが安心して過ごせる場をつくってやりたいという思いに突き動かされて、利害を超えた判断をされたのではないか。落札価格が想定を超えて低かった、と聞き、相当に無理をすることを承知で、引き受けてくれたようにも思えた。

棟梁がふと口にする言葉をそのまま理解するにはこちらの知識があまりに乏しかったので、関連のある本を手あたり次第目を通して、やっと追いつける有り様だったが、棟梁への畏敬の念ただならぬ由利さん、白鳥さんの二人に初歩的な疑問も含めて、諸々の疑問をぶつけて応えてもらうことで、棟梁のような伝統的な大工の世界が少しずつ見えるようになっていったのだと思う。

〈興建ハウジング〉と初めて一緒に仕事をしたＳＫホームの担当者Ｓさんの「日本昔ばなし」の世界で

すね、と佐藤棟梁や由利建築士の仕事ぶりを評した言葉が今も繰り返し蘇える。

ついこの間までの日本人は祖父母のもとで昔ばなしを聞きながら眠りについた。わらべ歌で遊びながら子ども時代を送った。昔ばなしやわらべ歌を耳になじませることで、想像力を養い、言葉を覚えていった。日本経済が高度成長をとげる中で、いつの間にか、昔ばなしは語られる場を失い、社会の片隅に追いやられることになった。今では昔ばなしは幼児教育や児童館、文庫という場で、昔ばなしの持つ魅力、教育力を知っている語り手によって伝えられるものになった。

みどりの森幼稚園では昔ばなしやわらべ歌を楽しんできた幼児が家に帰り祖母に聞かせたら、祖母が一緒に歌いだし、認知症が治ってしまった、というエピソードがある。同様の出来事はほかの場所でも生まれているという。昔ばなしの今を象徴するような話である。

テレビで長寿番組になった「まんが日本昔ばなし」をSさんも楽しんでいたのかもしれない。今まで携わってきたハウスメーカーとは全く違う価値観で仕事をする集団に突然入ってきたSさんには、同じ建築業界に働きながら、今までの職場とのあまりの違いに驚くこと、迷うことの多い現場だったろう、と推測するばかりだ。

Sさんが大工を下請けのように見る建築士のもとで長い間働いてきたのだとしたら、家づくりに欠かせない職人さんたちを同じ仕事仲間として対等に接する建築士の由利さんや職人としての誇りを持って仕事する棟梁を知った驚きは想像以上に大きかったのかもしれない。

半年余りを〈興建ハウジング〉と共に働いてきて、ふっとSさんの口から飛び出したのが、「日本昔ばなし」の世界だという言葉だったのではないか、と気づいた。

語り継がれてきた昔ばなしの世界、伝統大工の木のいのちとともに生きる世界、どちらも現在の私たち日本人を見えないところで支えてくれている木の根っこのような存在、それなくしては今の私たちの暮らしが根無し草のような頼りないものになってしまうように思えてならない。自然の中で暮らしてきた私たちの祖先が残してくれた貴い贈り物を守り育てて次世代に送り届ける手立てが欲しい、と思うもののどうしていいか分からず、日暮れて道遠しの思いに沈むばかりだったところに思いがけず「職人がつくる木の家ネット」のことを教えられた。伝統構法を守り伝えようとしている人たちがつくったネットワークだった。佐藤棟梁や白鳥さん、由利建築士のように出来得るならば、天然乾燥の無垢の木材を使い、プレカットではなく手刻みの木材を使って家を建てたいと志向する建築士や大工が参加する、そういうネットワークがあるのなら、直に会ってお話を聞きたい！　と思いを募らせていると、なんということか、会うチャンスが思いがけずにやってきた。

その顚末は4章に書いた通りである。

先に紹介した「伝統を未来につなげる会」パンフに伝統構法を守り、継承しようとしても、「それを実践する職人は、近代化の波の中で激減、いまや『絶滅危惧種』です。私たちの世代でこの匠の技や職人文化を絶やしてはならないと考え職人宣言キャンペーンを立ち上げた」との一文を発見した。

確かに絶滅危惧種かもしれない。でも総会に集まった生身の人間である絶滅危惧種、一人ひとりに接すると不思議なことに勇気が湧いてきた。女性建築士も少なくとも一〇名以上は参加されていて同宿させていただいた。それぞれの方の物語をもっとじっくり聞きたかったという思いを募らせている。

築地書館の土井二郎社長に勧められて、書き始めたのだったが、気仙大工棟梁に始まって思いがけず日本の森を支えてきた人たちの世界に足を踏み入れることができた。これからもハウスメーカーのつくる現代的住宅が大勢を占めるだろうことは予想される中で、伝統的構法を守る大工を育て、その技が光る住宅をつくっていくことの大切さと同時に困難さがいっそう深く分かるようになってきた。反対に困難だからこそ、それをいとわずに取り組もうとしている人々が多くはないとしても生まれつつあるのも見えてきた。

もし、木の家を建てたいと思った場合は、大々的な宣伝でアピールする住宅展示場だけでなく、看板は目立たないかもしれないが、工務店を名乗る大工さんのもとを訪れて、どんな家を建てているのか、聞いたり、見学させてもらったりしてほしいと思う。そうすれば、今まで気づかなかったところで人知れず昔からの伝統を引き継ぎながら、木を生かし、山を守るという仕事を気負うことなく当たり前のことのようにしている人たちの世界、彼らの仕事の流儀、現代では失われつつある職人気質のカッコよさ、に目を瞠《みは》ることになることは確かである。

今まで知らなかった世界に飛び込んでなぜか質問ばかりする私を面倒くさく思われただろうことは確かなのに、嫌がらないでお付き合い下さった佐藤棟梁や由利さん、白鳥さんのおかげでなんとか書き進めることができました。ありがとうございました。由利さんには本書で使わせていただいた写真のほとんどを提供いただいています。あわせてお礼の気持を伝えたいと思います。

専業主婦として子育ての合間を縫って、水や森に関わってあちこち出かけてさまざまな職種の人たちと交流しながら、関心を広げていた頃に学んだことを、棟梁や建築士という未知の職種にふれることで、もう一度学び直すことになったこと、前ばかりではなく後ろを振り向くことで、いろんな場で出会った人たちがいて、今の私があるのだ、と心から思えるようになったことを何よりも今、ありがたく思っています。

途中で行き詰まり何度も書き直しながら、書き進められたのは、土井さんがときに有益な示唆を出しながら、急がせずゆっくり待って下さったからだと思っています。ありがとうございました。

三人の子どもたち、長女小島芳《おじまかおり》、次女横須賀（吉田）雪枝、長男横須賀拓はそれぞれの仕事を通してさまざまな形で応援してくれました。勇気づけられました。

最後になりますが、単身赴任から帰ってくると、パソコンの前に座ることの多くなった妻の姿を呆れながらも見守ってくれていた夫薫に感謝していることを伝えたいと思います。

横須賀和江

主な引用及び参考文献一覧

はじめに

四手井綱英『森林　ものと人間の文化史』法政大学出版局　一九八五年
四手井綱英『森に学ぶ』海鳴社　一九九三年
森まゆみ『森の人　四手井綱英の九十年』晶文社　二〇〇一年
富山和子『水と緑と土』中公新書　二〇一〇年
富山和子『水の文化史』中公文庫　二〇一三年
富山和子『環境問題とは何か』ＰＨＰ新書　二〇〇一年
西口親雄『森林への招待』八坂書房　一九八二年
西口親雄『アマチュア森林学のすすめ』八坂書房　一九九三年
西口親雄『鳴子の自然はすばらしい。』鳴子町　一九九一年
清和研二・有賀恵一『樹と暮らす』築地書館　二〇一七年

序章

畠山重篤『森は海の恋人』文春文庫　二〇〇六年
畠山重篤『リアスの海辺から』文春文庫　二〇〇二年
畠山重篤『日本〈汽水〉紀行』文春文庫　二〇一五年
河北新報社「オリザの環」取材団『オリザの環』日本評論社　一九九八年

一章

高橋恒夫　INAX ALBUM 6『気仙大工　東北の大工集団』図書出版社　一九九二年
赤坂憲雄 森繁哉 責任編集 別冊『東北学』Vol.2 東北芸術工科大学東北文化研究センター　二〇〇一年
平山憲治『「気仙大工」概説』気仙大工研究所　二〇一三年
徳永　直「妻よねむれ」『ふるさと文学館5 宮城』所収　ぎょうせい　一九九四年

二章

守田志郎『村の生活誌』中公新書　一九七五年
守田志郎『むらの生活誌』農山漁村文化協会　一九九四年
守田志郎『日本の村』朝日選書　一九七八年
内山　節『内山節著作集10　森にかよう道』農山漁村文化協会　二〇一五年
内山　節『内山節著作集15　増補 共同体の基礎理論』農山漁村文化協会　二〇一五年
西岡常一・小原二郎『法隆寺を支えた木』ＮＨＫブックス　一九七八年
山本学治『森のめぐみ　木と日本人』筑摩書房　一九七五年
塩野米松『手業に学べ　心』ちくま文庫　二〇一一年
塩野米松『手業に学べ　技』ちくま文庫　二〇一一年
塩野米松『失われた手仕事の思想』中公文庫　二〇〇八年
塩野米松『木の教え』ちくま文庫　二〇一〇年
千葉　望『共に在りて』講談社　二〇一二年
竹内早希子『奇跡の醤《ひしお》』祥伝社　二〇一六年

小さい林業・特集『季刊地域』Winter 2018 No.32　農山漁村文化協会
佐藤ジュンコ『仕事場のちょっと奥までよろしいですか？』ポプラ社　二〇一七年
地域づくり誌『かがり火』一七七号　二〇一七　発行人＝菅原歓一　編集人＝内山節
みどりの森幼稚園『「食」からひろがる保育の世界』ひとなる書房　二〇〇七年

三章

四章

水野玲子『新農薬　ネオニコチノイドが日本を脅かす』七つ森書館　二〇一二年
田中淳夫『森林からのニッポン再生』平凡社新書　二〇〇七年
田中淳夫『森林異変　日本の林業に未来はあるか』平凡社新書　二〇一一年
井原俊一『日本の美林』岩波新書　一九九七年
牧野和春『森林を蘇らせた日本人』ＮＨＫブックス　一九八八年
白水　智『知られざる日本　山村の語る歴史世界』ＮＨＫブックス　二〇〇五年
網野善彦『無縁・公界・楽』平凡社ライブラリー　一九九六年
速水　亨『日本林業を立て直す　速水林業の挑戦』日本経済新聞出版社　二〇一二年
上田篤編『別冊「環」21　ウッドファースト！』藤原書店　二〇一六年
遠山富太郎『杉のきた道』中公新書　一九七六年
白井裕子『森林の崩壊』新潮新書　二〇〇九年
地域づくり誌『かがり火』一四八号　二〇一二　発行人＝菅原歓一　編集人＝内山節
地域づくり誌『かがり火』一六一号　二〇一五　発行人＝菅原歓一　編集人＝内山節

地域づくり誌『かがり火』一七二号　二〇一六　発行人＝菅原歓一　編集人＝内山節
高田 宏『木に会う』新潮社　一九八九年
宮本常一『山に生きる人びと』未來社　一九六四年
藤森隆郎『林業がつくる日本の森林』築地書館　二〇一六年
大江正章『地域の力』岩波新書　二〇〇八年
司馬遼太郎『街道をゆく27　因幡・伯耆のみち、檮原街道』朝日文庫　二〇〇九年
みやぎ北上川の会編『みやぎ北上川今昔』みやぎ北上川の会
林野庁編『平成二八年版　森林・林業白書』全国林業改良普及協会
小山晴子『よみがえれ海岸林』秋田文化出版　二〇一二年
小山晴子『津波から七年目　海岸林は今』秋田文化出版　二〇一八年
内田洋子『イタリアのしっぽ』集英社文庫　二〇一八年
日本板倉建築協会『いたくら』一号〜四号　二〇一五〜二〇一八年
支倉清・支倉紀代美『代官の判決をひっくり返した百姓たち』築地書館　二〇一二年

著者紹介——横須賀和江（よこすか　かずえ）

岡山県岡山市生まれ。遠浅の穏やかな瀬戸内海の風光と温暖な気候を享受して育つ。東京で学生生活を送り就職、結婚後、宮城県仙台市に移住。在住五〇年に及ぶ。

仙台では子育ての傍ら、自宅にかたくり文庫と名付けた家庭文庫を開き、地域の子どもたちに開放。同時に「宮城の水辺を考える会」「水環境ネット東北」「環境保全米ネットワーク」などの市民運動に機関誌担当として参加してきた。

東日本大震災後、隣に住む長女が自宅と職場であるこども園の建築を気仙大工棟梁にお願いしたことをきっかけに、前々から関心のあった気仙大工と、彼を取り巻く、日本の木の魅力を輝かせる家づくりに関わる人びとを身近に知ることとなり、本書が誕生した。本書が初めての著書である。

気仙大工が教える木を楽しむ家づくり

二〇一九年三月三〇日　初版発行

著者――――横須賀和江
発行者――――土井二郎
発行所――――築地書館株式会社
東京都中央区築地七―四―四―二〇一　〒一〇四―〇〇四五
電話〇三―三五四二―三七三一　ＦＡＸ〇三―三五四一―五七九九
振替〇〇一一〇―五―一九〇五七
ホームページ＝http://www.tsukiji-shokan.co.jp/
印刷・製本――――シナノ印刷株式会社
装丁――――横須賀拓

ISBN 978-4-8067-1568-9